FRANC JEU

Avec la collaboration de Denis Heuzé

Jean-Pierre Papin

FRANC JEU

Postface de Florence Papin

Éditions Ramsay

À tous ceux qui m'ont suivi pendant ces années

Introduction

Le 4 décembre dernier, j'ai participé à Marseille au tirage au sort de la coupe du monde 1998 devant près de quatre milliards de téléspectateurs. Je me suis rendu ensuite à la pointe Pharo, où une cérémonie était organisée en mon honneur. Quand je suis arrivé, la salle en forme d'amphithéâtre était comble. Je suis monté sur l'estrade d'un pas moins assuré qu'en pénétrant dans le Vélodrome quelques heures plus tôt et j'ai salué la foule sous un tonnerre d'applaudissements. Deux de mes entraîneurs fétiches, Raymond Goethals et Roland Courbis, se sont alors avancés vers moi et m'ont remis le trophée qui consacrait le meilleur joueur marseillais du siècle. Ainsi en avaient décidé les supporters, qui m'avaient préféré à des joueurs aussi prestigieux que Josip Skoblar, Roger Magnusson, Chris Waddle ou Basile Boli. Ce soir-là était pour moi le couronnement de ma carrière sportive. En embrassant le trophée en cristal qui représentait un footballeur en action, j'ai songé aux nombreux concours de circonstances qui ont ponctué ma vie et qui ont permis à un fils de poissonnier de devenir une star de renommée mondiale.

Je crois au destin, mais je sais aussi que l'existence est une succession de carrefours et qu'il faut savoir prendre la bonne direction. Il est des routes passantes qui vous éloignent de votre voie, des raccourcis invisibles que l'on découvre en les débroussaillant à la force du poignet, des impasses qu'il faut éviter à tout prix. Pour arriver là où j'en suis, j'ai toujours fait confiance à mon instinct. C'est lui qui m'a guidé dans le dédale de la vie plus sûrement que les conseils des uns ou les leçons des autres. Comme tout le monde, il m'est aussi arrivé de me tromper de direction, mais j'ai toujours su reconnaître mon erreur et faire marche arrière, ou prendre des chemins de traverse pour retrouver ma route au plus vite. En l'espace de trente-quatre ans, j'ai suivi une trajectoire qui m'a mené de Boulogne-sur-Mer à Bordeaux en passant par de grandes capitales européennes. Et j'ai exercé mon métier aux quatre coins du monde. Que rêver de plus ?

J'ai brandi le trophée à bout de bras devant tous les notables de la ville réunis en mon honneur. Un frisson d'émotion a couru le long de mon échine et m'a donné la chair de poule. Mes yeux se sont brouillés. « C'est le plus beau jour de ma vie », me suis-je dit en me rappelant que j'avais été élu, non par mes pairs, mais par le public qui a été mon plus fidèle soutien durant toute ma carrière et dont le jugement, à mes yeux, a le plus de prix.

J'ai caressé rêveusement la plaque sur laquelle était gravé « joueur du siècle », et les temps forts de mon existence ont défilé devant mes yeux en une poignée de secondes. J'ai repensé à tous les titres qui ont jalonné ma carrière : quatre championnats de France et deux d'Italie, une coupe de France, deux supercoupes d'Italie, deux titres de champion d'Europe, une place de troisième à la coupe du monde 1986, cinq souliers d'or, un ballon d'or... J'ai aussi repensé à tous les moments de bonheur que m'ont donnés et que me donnent encore ma femme Florence, nos quatre enfants et mes proches, et j'ai compris que ma vie tout entière était un cadeau. Les désillusions et les blessures ne pèsent rien dans la balance de la vie. Seules restent les émotions.

Je me suis approché du micro et j'ai prononcé un petit discours d'une voix émue. Derrière moi, sur un grand écran, étaient projetés mes plus beaux buts marqués sous le maillot de l'OM. Puis des amis de longue date et des visages connus sont venus me féliciter avec des accents de sincérité qui m'ont touché. Ce soir-là, tout me souriait. Même Émily, ma troisième fille victime d'une lésion cérébrale, commençait à me laisser espérer en un rétablissement futur. Elle est mon nouveau challenge. Je suis ainsi fait : gagneur, je ne renonce jamais ; hyperactif, j'ai besoin de relever de nouveaux défis pour avancer. Celui-là est de taille : faire en sorte qu'Émily devienne une enfant normale ! Depuis que nous avons appris par hasard qu'il existait une thérapie non reconnue par la médecine française, mais pratiquée aux États-Unis où elle a fait ses preuves, Florence et moi avons repris espoir. Nous passons toutes nos journées avec notre fille, à raison de dix heures par jour, pour réussir ce qui était impensable il y a encore trois ans. C'est un investissement très important, mais je crois en la vertu du travail. Ma force est là : je suis prêt à faire des séances d'entraînement supplémentaires pour exécuter le geste parfait. Je suis capable de sacrifier des années de ma vie pour guérir Émily. Mais je ne mène pas seulement ce combat pour elle. Florence et moi voulons que tous les parents qui sont dans notre situation sachent qu'une issue favorable est possible, voire probable, à condition de s'en donner les moyens. C'est dans cette optique que nous avons créé l'association Neuf de Cœur qui collecte des fonds et aident les familles qui le désirent en participant financièrement à leurs visites aux instituts. Depuis une année, je mets mon nom et ma notoriété au service de cette association porteuse d'espoir. Je me dépense sans compter pour elle, tout comme je me suis toujours dépensé ma vie durant pour ce en quoi je croyais.

Ce livre retrace ma carrière d'homme et de footballeur. Ce n'est pas un conte de fées, c'est le fil de ma vie tel que je l'ai déroulé pendant trente-quatre ans. J'ai marqué des centaines de buts, j'ai eu des blessures graves, j'ai connu des joies intenses et des déceptions amères, j'ai rencontré des hommes d'État aussi célèbres que Nelson Mandela ou François Mitterrand, j'ai aimé, j'ai ri, j'ai souffert, mais par-dessus tout, j'ai vécu. Au crépuscule de ma carrière de footballeur, l'heure est venue pour moi de faire le point. Je suis à un nouveau croisement, à moi de prendre la bonne direction.

Une enfance compliquée

Mes parents se sont rencontrés au sortir de l'adolescence et se sont mariés très jeunes. À cette époque, mon père tenait une poissonnerie avec ses parents, mais il avait quelques raisons de croire qu'il serait un jour footballeur professionnel : il était considéré comme l'un des très bons attaquants de sa génération. Il courait le cent mètres en onze secondes et avait une très bonne frappe de balle. Il avait même joué la coupe Gambardella à seize ans. Mais pour ne pas s'éloigner de ses parents qui régentaient sa vie, il a refusé d'aller jouer à Metz puis à Rouen. C'est comme ça qu'il a bifurqué vers une voie de garage. Ensuite, tout s'est enchaîné de manière inéluctable : la guerre d'Algérie et une rupture des ligaments internes du genou ont mis fin à sa carrière. Dès le début, il n'a pas su prendre le bon chemin. Il est passé dans le monde du foot comme une comète, moi je vais m'efforcer d'y rester le plus longtemps possible. De lui, j'ai hérité la passion du ballon rond et un sens inné du but.

Ma mère est d'origine bretonne, de l'île d'Arz,

au sud de l'île aux Moines. Elle a ce côté résolu, obstiné, travailleur, des marins bravant l'océan Atlantique pour tendre leurs filets quel que soit le temps. C'est cette même volonté qui fait ma force : j'ai été un forçat du foot avant d'en devenir un esthète reconnu pour ses « papinades ».

Mes parents se sont mariés en décembre 1962 et je suis né à Boulogne-sur-Mer un an plus tard, le lundi 5 novembre 1963, vers dix heures du matin, à l'heure de la récréation. C'est sans doute pourquoi je n'ai jamais été un élève très studieux. Il paraît que je suis Scorpion ascendant Sagittaire, mais je ne suis pas féru d'astrologie. A peine suis-je un peu superstitieux.

Je ne garde aucun souvenir de Boulogne-sur-Mer, puisque j'ai quitté cette ville à l'âge de un mois pour aller m'installer à Maubeuge. Dans l'imagerie populaire, le Nord est sale, pluvieux, froid, bref inhospitalier. Tout le monde voit un pays plat d'où jaillissent des terrils noirâtres, des paysages dont la monotonie est accentuée par l'alignement des corons, des Ch'tis emmitouflés dans leurs écharpes et leurs bonnets. Moi, je n'ai jamais eu cette image-là de ma région. Dans mon souvenir, elle est lumineuse et accueillante.

Mes grands-parents, ma mère et mon père travaillaient à Maubeuge dans une, puis dans deux poissonneries distantes de cinq cents mètres.

Assez rapidement, j'ai été confié jour et nuit à la garde de ma grand-mère. Mes parents ne pouvaient s'occuper de moi à cause des horaires invraisemblables qu'impose le métier de poissonnier : les livraisons ont lieu vers minuit et le début de la mise en place se fait vers quatre heures tous les matins ! Mais ils avaient aussi très peur des rats qui s'infiltraient dans l'appartement, représentant une véritable menace pour moi.

Car tout comme Hercule fut agressé dans son berceau par des serpents, j'ai été agressé par un rat à l'âge de six mois ! Cela se passa au premier étage, au-dessus de la poissonnerie. J'étais seul dans ma chambre et je dormais sur le ventre. Tout à coup, je me mis à hurler sans raison apparente. Ma mère se précipita vers moi et me trouva en sang. Elle crut que je m'étais blessé avec une tige en rotin qui dépassait du berceau, elle me lava doucement et me redescendit jusqu'à ce que je retrouve le calme. Dès qu'elle me remonta dans ma chambre, je recommençai à pleurer, comme si j'avais senti une présence hostile. Elle me recoucha quand même dans mon berceau et alla lire dans la chambre mitoyenne mais, habitée d'un vague pressentiment, elle revint. À quelques centimètres de moi se trouvait un gros rat menaçant. Je fus évacué à l'hôpital de Maubeuge de toute urgence, et mon grand-père fut appelé à la rescousse pour tuer le rat. À mon retour, il insista pour que je dorme quelques nuits chez lui par mesure de sécurité. J'y suis resté près de dix ans !

Depuis, j'ai appris que le rat aurait pu me dévorer le nez si je n'avais pris la mauvaise habitude de dormir sur le ventre. Heureusement, au nez de cuir, j'ai préféré le ballon de cuir...

Je n'ai jamais souffert d'être chez mes grands-parents, car j'ai reçu de l'amour de toute part : d'eux bien sûr, et notamment de ma grand-mère qui a été plus qu'une seconde mère pour moi, mais aussi de mes parents qui habitaient à proximité et que je voyais tous les jours assez longuement. J'ajouterais même que j'ai tiré le meilleur parti de cette situation ambiguë. Je prenais ce que les uns et les autres avaient de meilleur à me donner : cadeaux, bonbons, permissions en tout genre...

À ce jeu-là, ma grand-mère était imbattable. Elle m'a gâté comme peu d'enfants le sont : rien n'était trop beau pour son petit-fils chéri qu'elle appelait affectueusement « Coco ». À force, j'ai fini par l'identifier à ma mère, puisque je passais la majeure partie de mon temps chez elle.

C'est elle qui m'a inculqué le sens de la générosité qui, paraît-il, s'est manifestée chez moi dès mon plus jeune âge. Selon ma mère, je donnais volontiers mes vêtements, mes jouets ou mon argent à ceux qui n'en avaient pas. Je recueillais beaucoup d'animaux blessés. J'invitais souvent mes camarades à venir manger à la maison. Ma mère se souvient même d'une fois où elle m'a trouvé entouré de dix amis à qui j'avais préparé un festin en vidant le réfrigérateur ! Modestie mise à part, je sais encore faire preuve de générosité, notamment avec les gens que j'aime. Mais je sais aussi céder à des coups de folie et faire plaisir à des inconnus. Un exemple me vient à l'esprit. Alors que je visitais le zoo de La Teste avec le directeur et que je m'étonnais qu'il n'y ait pas de girafe, je lui ai promis de lui en offrir une si Bordeaux se qualifiait en coupe d'Europe – c'était le prétexte. Bordeaux a décroché une place en UEFA, et j'ai offert la girafe. Je suis un homme de parole.

Tout aurait pu continuer ainsi dans le meilleur des mondes si mes parents n'avaient pas divorcé en 1969 : à force d'avoir été pendu aux jupons de sa mère, mon père était devenu un coureur de jupons. J'avais six ans et l'équilibre affectif que j'avais trouvé entre mes parents et mes grands-parents se rompait tout à coup. Je leur en ai longtemps voulu à tous deux, mais depuis, j'ai révisé mon jugement, sans doute parce que j'en suis passé par là moi aussi...

Mon père s'est marié trois fois et m'a donné deux demi-sœurs : Natacha et Nathalie, dix-huit et dix-neuf ans aujourd'hui. Je ne me permettrais pas de juger sa conduite, mais je continue à penser qu'il aurait dû se remettre avec ma mère quand il en a eu la possibilité. Dans les années soixante-dix, il est parti à Paris avec sa nouvelle conquête et ma mère est restée seule pour s'occuper d'une des deux poissonneries. Ma grand-mère a continué à m'élever jusqu'à ce que ma mère se remarie avec un commissaire divisionnaire de vingt et un ans son aîné.

Je n'ai pas très bien accepté d'aller vivre chez ma mère et mon beau-père. Ils avaient une vision assez rigide de mon éducation, alors que ma grand-mère me passait tous mes caprices. Le plus exigeant avec moi était le commissaire, à qui j'ai voué longtemps une haine tenace. J'éprouvais le sentiment qu'en plus de se substituer à mon père, il m'enlevait à ma grand-mère – rétrospectivement, j'avoue que ce jugement est injuste. Ce malentendu a envenimé nos relations dès le départ, mais mon beau-père n'a rien fait pour le dissiper ou pour gagner ma sympathie. Il s'était mis en tête de faire de moi un garçon droit et appliqué au travail, alors que je passais le plus clair de mon temps à jouer dehors. Pour me reprendre en main, il ne lésinait pas sur les moyens : le soir, il envoyait une voiture de police me chercher à la sortie de l'école et il m'obligeait à faire mes devoirs dans son bureau – le bureau du commissaire ! Ma mère se rendait bien compte qu'il allait un peu trop loin, mais elle n'osait intervenir en ma faveur, ce qui créait des tensions très vives à la maison.

À sa mort, je n'aurais jamais imaginé verser une larme pour lui. Et pourtant... Avec le recul, j'ai compris que l'autorité qu'il exerçait sur moi m'avait fait un bien fou. S'il n'avait pas été là, je n'aurais pas tourné de la même façon. Peut-être aurais-je été un sportif à la petite semaine. Ou pire : un voyou.

J'ai connu une scolarité en dents de scie. Jusqu'à douze ans, j'ai été un élève indiscipliné, mais sérieux, grâce à la surveillance sans relâche du commissaire. J'étais dans un petit collège de campagne qui me convenait tout à fait. Mon père était revenu à Valenciennes et je le voyais un week-end sur deux. Cette partie de ping-pong affectif n'était pas l'idéal pour moi, mais je m'en satisfaisais car mon père était bien plus laxiste que mon beau-père. J'ai fini par demander à ma mère de me laisser partir chez mon père. Elle a accepté parce qu'elle sentait que je n'étais pas bien dans ma peau.

A partir du moment où je suis arrivé à Valenciennes chez mon père, j'ai commencé à être un tire-au-flanc. Je me suis retrouvé à Eisen, dans un collège de ville avec des fils de médecins, d'avocats, bref des fils de notables, et j'en ai ressenti de la gêne. Sur la fiche d'inscription, après avoir inscrit « fils de poissonnier », j'ai vu le regard des autres, y compris celui des professeurs, changer à mon égard. J'ai gardé de cette expérience la conviction que le système scolaire en France renforce les inégalités au lieu de les réduire : les dés sont pipés dès le départ. Pour mes enfants aujourd'hui, c'est un peu différent : j'ai grimpé l'échelle sociale pour leur assurer sinon un avenir, du moins du respect dans le regard des professeurs et de leurs copains de classe. Mon nom ne leur est plus inconnu.

À Eisen, je n'aspirais plus qu'à une chose : être dehors. L'idée de rester toute une journée derrière un bureau me donnait la nausée. Et puis je haïssais par-dessus tout les mathématiques. C'était un postulat de base : tout ce qui ressemblait à une opération ou à une résolution de problème me hérissait le poil – heureusement, mes enfants n'ont pas hérité de moi cette aversion presque épidermique. Pour échapper à une épreuve dans cette matière, j'étais passé maître dans l'art de la simulation. Je mettais le thermomètre dans le café ou sur le radiateur pour faire croire à une poussée de fièvre – jusqu'au jour où le thermomètre s'est cassé ! Ou bien je simulais un mal de ventre pour éviter un contrôle de maths. Un jour que je feignais de me tordre de douleur sur le lit, le médecin s'est déplacé, m'a examiné avec minutie et a longtemps appuyé sur le côté droit. Puis il a diagnostiqué une appendicite ! « Un peu plus, et c'était une péritonite », s'est-il exclamé en riant.

À force de crier au loup, j'avais fini par le faire sortir du bois...

Aujourd'hui, je ne suis pas très fier de tous ces « exploits » qui ont ponctué ma scolarité et m'ont conduit vers ce que je désirais inconsciemment. J'ai été renvoyé d'Eisen au premier trimestre de ma quatrième. La pièce se déroule en deux actes. Premier acte : je fais semblant de m'ouvrir les veines devant mon professeur d'anglais qui s'acharne sur les élèves en difficulté et ne rate jamais une occasion de me tourner en ridicule. En plein cours, je m'avance vers elle, le poignet recouvert d'un mouchoir, et je m'entaille la peau légèrement, mais suffisamment pour que du sang s'écoule sur mon bras. Effet garanti ! Le professeur panique et un médecin est appelé de toute urgence. Malgré tout, ce coup d'éclat ne suffit pas à me faire renvoyer.

Deuxième acte, encore plus rocambolesque : pendant un cours de dessin, une fille avec un grand manteau bleu a le don de m'exaspérer. À la sortie des cours, je l'attends pour me venger –

je suis quelqu'un d'assez rancunier. J'ai dans la main un tube de gouache. Dès que la silhouette bleue se profile, je me glisse derrière elle et je barbouille son beau manteau de noir. Quand elle se retourne, quelle n'est pas ma surprise de constater qu'il s'agit non de l'élève, mais de mon professeur qui a un manteau identique ! Cette fois, la couple est pleine. Je paie le prix fort – un renvoi sans ménagement – et mon père le pressing, ce qui nous oblige à nous serrer un peu la ceinture. Je ne veux pas dire que j'ai souffert d'un manque d'argent, mais nous n'avons jamais roulé sur l'or.

Mon père prend donc la décision de me faire redoubler ma quatrième dans un collège de campagne où j'ai de très bons résultats scolaires. Je passe en troisième, je suis diplômé du BEPC en 1976 et je poursuis mes études en seconde AB. C'est à cet âge que le foot commence à déferler dans ma vie.

La naissance d'une passion

Le feu de la passion m'a pris vers quinze ans. Tout petit, je voyais le foot comme un sport parmi d'autres – je pratiquais aussi le judo, la natation et le tennis. Aller aux matchs le samedi ne m'enchantait guère. Je préférais regarder la télé ou jouer avec les copains. Ma vocation était de devenir vétérinaire : je recueillais chez moi des oiseaux aux ailes brisées ou des chiens abandonnés, je rapportais des cochons d'Inde et des lapins dans le jardin.

Mais je n'irais pas jusqu'à dire que je dédaignais le foot. Ma mère soutient d'ailleurs que je shootais dans un ballon taille trois à l'âge de deux ans et que, le dimanche, j'accompagnais volontiers toute la famille au stade. A six ans, mon beau-père m'avait même obtenu une dérogation de la mairie pour que j'aille m'entraîner sous la férule d'un ancien joueur professionnel qui avait évolué à Bordeaux : De Harder. Mais, comme par hasard, dès que le fameux commissaire venait assister à un match, je faisais une prestation exécrable...

Mon premier club a été Jeumont. À l'époque, je jouais gardien ! Jusqu'au jour où j'ai encaissé huit buts dans le même match. J'ai été tellement humilié que je suis parti à l'attaque et que j'ai marqué à mon tour. Ce jour-là, j'ai compris où était ma place : joueur de champ ! J'ai commencé libéro parce que j'avais une grosse frappe de balle : j'étais le seul à pouvoir dégager les six mètres. Je tirais aussi tous les coups francs parce que je réussissais à lever la balle et à la mettre hors de portée du gardien adverse, qui n'arrivait pas à toucher la barre transversale en sautant. À force de marquer sur coups de pied arrêtés, j'ai pris goût à la joie du buteur.

Vers dix ans, j'habitais encore chez ma mère et mon beau-père. Je jouais beaucoup plus volontiers le samedi avec mon club, non seulement pour me dépenser, mais aussi pour fuir la maison dont je trouvais l'atmosphère irrespirable. Tout était prétexte à évasion : les promenades avec mon pointer Ulla, le sport, le catéchisme – j'avais même demandé à être enfant de chœur ! Le virus du foot avait commencé à me gagner : au lieu d'aller au catéchisme, j'allais jouer au foot derrière l'église – on appelle ça une feinte de corps. Et je désertais le dentiste, non par peur de la roulette, mais pour taper dans le ballon avec les copains. À ma mère qui me voyait rentrer chaussures usées et pantalons troués, je disais que j'étais tombé...

Toute la journée, j'avais le pied qui me démangeait. Je bâclais mes devoirs et je courais jouer avec le premier venu. Un de mes jeux préférés était le « goal à goal » : un contre un, chacun dans son but, à une vingtaine de mètres de distance. Je jouais aussi au « mur », ce qui consistait à taper de toutes mes forces contre le mur du voisin, mais il m'arrivait souvent de rater ma cible et de devoir aller chercher la balle dans le jardin à côté. L'affaire n'était pas aussi simple qu'il y paraît : je devais passer des barbelés et escalader un mur sur lequel étaient incrustés des tessons de bouteilles. Je revenais les genoux en sang, mais pour rien au monde je n'aurais abandonné mon ballon ! Je passais des après-midi entiers à jouer des petits matchs. Je n'en avais jamais assez : des jeux, toujours des jeux, encore des jeux !

J'étais un fidèle supporter de Valenciennes. J'allais assister à tous les matchs et j'arborais l'écharpe aux couleurs du club sur laquelle était marqué « Allez VA ». J'étais aussi un fervent supporter des Verts : chaque fois que je passais devant un magasin de sport, je faisais des pieds et des mains pour qu'on m'achète un nouveau maillot.

Mais ma carrière de footballeur aurait pu s'arrêter là si ma bonne étoile n'avait veillé sur moi. Je suis un miraculé du foot : en octobre 1973, à dix ans, j'ai eu un très grave accident. Je me suis fait renverser par une voiture.

Je me souviens de la scène comme si c'était hier. Le stade était à dix kilomètres de chez moi. Ce jour-là, pour des raisons encore mystérieuses aujourd'hui, ma mère refuse que je parte à vélo comme je le fais tous les jours et exige que je mette un très gros blouson doublé alors qu'il fait beau. Me voilà donc parti à pied avec mon sac sur le dos. En chemin, je rejoins des copains avec lesquels je fais des blagues de mon âge : parties de sonnette, pétards dans les boîtes aux lettres...

L'entraînement se déroule bien, mais je prends tout mon temps pour revenir au vestiaire, si bien que je me retrouve seul sous la douche quand les autres en sont déjà sortis. Pour les rattraper, je m'habille en hâte, sors en courant et traverse sans regarder : je suis hypnotisé par le marchand de bonbons de l'autre côté de la rue.

Bang ! L'impact est terrible : la 4L roulait à plus de quatre-vingts kilomètres à l'heure et mon corps est projeté à quarante mètres ! Je ne me rappelle plus le vol à proprement parler, mais en atterrissant, je suis conscient et je sais que je ne souffre pas. Selon un témoin, j'ai eu le réflexe de me mettre en boule dès que j'ai été touché et je suis retombé dans cette position qui a amorti le choc. Le gros blouson m'a bien protégé. Par chance – si l'on peut dire – le conducteur de la voiture est notre médecin de famille. Il s'approche de moi, persuadé que je suis mort. Puis il constate que j'ai « seulement » la jambe gauche cassée et le tibia-péroné de la jambe droite décollé. Pour me rassurer, il me dit qu'on va m'emmener à l'hôpital, mais je lui rétorque que je ne peux pas parce que je n'ai pas mon pyjama. Il sourit : j'ai déjà repris mes esprits.

À l'hôpital, grâce à l'intervention de ma mère qui refuse qu'on me mette une plaque et des vis dans la jambe, je suis plâtré et déplâtré tous les deux jours pour pouvoir rejouer au foot le plus vite possible. Je reste six mois sans pouvoir poser le pied. Et le miracle a lieu : tout au long de ma carrière, je n'aurai jamais de séquelles de cet accident.

C'est en benjamin que j'ai décidé de passer attaquant. Aussitôt, j'ai été un buteur patenté : j'ai claqué jusqu'à quatre-vingts buts par saison avec des « septuplés » et même des « octuplés » lors de certains matchs !

Mais le premier but qui a vraiment compté pour moi, je l'ai marqué en minime alors que je jouais à Trith-Saint-Léger contre Feignies : une frappe du droit aux dix-huit mètres qui va dans le petit filet après avoir rebondi deux fois. Nous avons perdu le match 3-1, mais les circonstances de ce but restent très présentes à ma mémoire. Sait-on exactement pourquoi on se souvient de telle chose et non de telle autre ? Tous mes buts professionnels, par exemple : il n'y en a pas un dont je ne puisse décrire avec précision le déroulement de l'action, les noms des adversaires et du passeur, et bien sûr la façon dont j'ai propulsé la balle au fond des filets.

Le but contre le Milan AC en quart de finale de la coupe des clubs champions reste l'un de mes plus célèbres : dribble d'Abedi Pelé et centre de Chris Waddle de l'aile gauche après un passement de jambes dont il a le secret. Je reprends la balle comme elle vient, juste après le rebond. Pazzagli est battu, le Milan met un genou à terre. Mais je me souviens tout aussi bien d'un but marqué avec Valenciennes en deuxième division contre Le Havre. Au total, j'ai fait trembler plus de trois cents fois les filets adverses en matchs officiels – et je n'ai pas encore dit mon dernier... but. Pour un joueur qui chausse du trente-neuf et demi, je trouve que c'est un bilan honorable.

Je suis bien incapable de décrire la joie qu'éprouve un buteur. Il n'y a rien de comparable avec ce qu'on peut ressentir dans la vie ordinaire. Certains joueurs ont parlé d'orgasme, mais je ne suis pas d'accord. Un orgasme est plus fort, même si le vocabulaire du football prête effectivement à équivoque : buts et score « vierges », « touches », « passement de jambes », « feinte de corps »... En tout cas, les footballeurs savent de quoi je parle quand j'évoque la joie du buteur, car j'ai la conviction qu'elle est de même intensité en minime ou en senior, en division I ou en deuxième division départementale. C'est ce qui fait la saveur de ce sport.

Mon premier match important, je l'ai joué en minime. C'était un 1/8e de finale de coupe du Nord que nous avons perdu 10-1. Quand je suis rentré du match, mon père m'a montré mes chaussures et m'a fait signe de raccrocher les crampons. J'ai continué par orgueil. En cadet, j'ai signé à Valenciennes pour jouer en championnat national, mais j'ai été barré par un transfuge qui venait d'un club plus important que le mien. Je n'ai donc fait aucune sélection départementale ou régionale la première année.

Et puis, une fois de plus le destin m'a souri. Un jour qu'il faisait moins deux ou moins trois degrés et que je traînais autour du stade après un entraînement, je suis allé voir un match de ma catégorie opposant deux sélections de district. Je l'ai fait non pas tant par amour du foot que parce que je n'avais aucune envie de rentrer chez moi. Dans l'équipe valenciennoise, un joueur s'est blessé à l'échauffement. L'entraîneur m'a appelé et m'a demandé de prendre sa place au débotté. Je ne me le suis pas fait dire deux fois. Malgré mes pieds congelés, j'ai joué et marqué trois buts ! La sélection a voulu faire appel à moi, mais mon appendicite « improvisée » m'a empêché d'en faire partie.

En junior, le foot a commencé vraiment à entrer dans ma vie et à tout emporter. Je marquais toujours autant de buts : au moins un par match. On me considérait comme un espoir du club, mais je n'étais pas au centre de formation. Aussi, après la classe de seconde, j'ai demandé à mon père si je pouvais arrêter ma scolarité et me consacrer entièrement au foot. Il n'en a pas été question : « C'est l'école ou l'armée », a-t-il décrété avec fermeté. J'ai choisi l'école et je me suis inscrit en BEP de comptabilité. Toutefois, le cœur n'y était pas.

En milieu d'année, j'ai séché les cours sans rien dire à personne et je suis allé m'entraîner avec le centre de formation. Les résultats ne se sont pas fait attendre : le dimanche suivant, à seize ans, j'ai joué mon premier match en troisième division, en réserve de l'équipe première. On a perdu 1-0 contre Henin, mais je m'étais créé quelques occasions.

Après ce match, je suis retourné jouer en junior, mais le sort en était jeté : je voulais être footballeur professionnel. Coûte que coûte. À la fin de l'année, il y avait le stage régional de l'INF Vichy. J'ai séché les cours sans rien dire à mon père et je m'y suis rendu. Seule ma grand-mère était dans la confidence, elle qui me devinait d'un regard et m'encourageait à persévérer dans le foot.

Le matin du jour J, je me suis levé à la première heure et j'ai pris le train tout seul pour aller à Lille.

J'ai passé le premier stage régional avec succès, puis le deuxième en usant du même subterfuge. Quelques jours plus tard, j'ai reçu un courrier me convoquant à la sélection nationale à Vichy. Cette fois, je ne pouvais plus le dissimuler à mon père. Je lui ai donc fait part de ma décision d'aller tenter ma chance à ce stage et il m'a donné son accord. À ce moment-là, il pensait que je serais un bon joueur professionnel comme lui aurait pu l'être, mais il ne se doutait pas une seconde que j'atteindrais les sommets que j'ai connus.

Le concours national durait quatre jours. Avant le dernier match décisif qui aurait dû assurer ma sélection, j'étais très bien placé, mais une douleur au genou m'handicapait pour jouer. Un peu paniqué, j'ai appelé mon père qui m'a conseillé une crème chauffante : « Achète du Dolpic et frotte fort. Ça va te brûler au début, mais tu pourras courir. » C'est comme ça que j'ai joué et marqué trois buts.

En repartant le soir, l'un des directeurs de l'INF qui n'était autre que M. Huard, l'ancien entraîneur de mon père à Aulnoye, m'a pris à part pour m'annoncer que j'étais retenu. Cela a été une joie très intense : à l'époque, l'INF Vichy bénéficiait d'un grand prestige aux yeux des clubs. C'était le vivier de tous les jeunes joueurs professionnels d'avenir.

Quand je suis arrivé vers dix heures du soir à Paris, il n'y avait plus de train pour Valenciennes. J'ai dû faire du stop pour rentrer, et c'est un routier qui m'a déposé devant chez moi vers deux heures du matin. Je n'oublierai jamais ma joie en quittant le stage, le retour en train tout seul avec un avenir de footballeur qui se profilait devant moi, le routier sympa qui m'avait déposé à Valenciennes.

À mon retour, mon père était fier de moi, mais il insistait pour que je signe un contrat d'aspirant à Valenciennes. Il pensait qu'un « tiens » vaudrait toujours mieux que deux « tu l'auras », que les quatre mille francs de contrat seraient toujours bons à prendre. J'ai refusé. Je l'ai déjà dit : j'ai toujours considéré qu'il n'avait pas su faire les bons choix pour lui. Pourquoi les aurait-il mieux réussis pour moi ? Après quelques hésitations, je suis allé voir ma grand-mère : elle m'a conseillé de quitter la région et d'aller faire ma vie sous d'autres cieux. Ce que je me suis empressé de faire. Quand j'ai déclaré à mon père que je partais, il a respecté ma décision, même s'il a souffert que je parte content du foyer familial. Car effectivement, j'étais content. Content de pouvoir voler de mes propres ailes, content de rentrer de plain-pied dans le monde des adultes alors que j'avais à peine dix-sept ans, content de faire ma vie.

Quand je regarde la naissance de ma carrière de footballeur, je m'aperçois que je n'ai rien fait comme tout le monde. Je n'ai vraiment aimé le football que sur le tard, je n'ai pas évolué au plus haut niveau dans mes catégories, je n'ai pas connu les honneurs des sélections régionales ou nationales. Pourtant, j'ai été un jour ballon d'or. Cela me fait plaisir, autant pour moi que pour montrer aux jeunes que tout est possible, à tout moment, en toutes circonstances. Encore faut-il y croire. Au reste, je suis persuadé que les gens qui ont suivi une trajectoire originale apportent davantage que ceux qui sont restés dans les rails. Ils ont plus de fraîcheur, plus de recul aussi.

Mon intégration à l'INF Vichy reste un souvenir controversé. Toute ma promotion a été emmenée à Saugues, un petit village de Haute-Loire, pendant un mois. Nous y avons souffert le martyre : footing à six heures tous les matins autour d'un lac, musculation, gestes techniques du football à longueur de temps. Moi qui considérais mon sport favori comme un jeu et non comme des travaux forcés, j'ai dû déchanter très vite ! Au bout d'une semaine, je n'en pouvais déjà plus des contrôles, amortis, passes, frappes, têtes, autant de gestes que les éducateurs nous faisaient répéter jusqu'à l'épuisement. « Au haut niveau, il n'y a pas de déchets techniques », nous martelaient-ils. Je ne comprendrais leur acharnement que des années plus tard, quand je m'astreindrais moi aussi à la répétition de certains gestes pour atteindre la perfection.

À Vichy, l'emploi du temps était d'une simplicité biblique : deux entraînements de foot matin et après-midi en alternance avec une formation de CAP des métiers du football. Mais je dois avouer que je ne m'intéressais pas du tout aux cours. Je préférais faire les quatre cents coups avec les copains, dont certains ont connu aussi la célébrité : Jean-Claude Nadon, Didier Tholot... Notre promotion à l'INF était de trente joueurs, mais huit ont été renvoyés au bout de la première année. Il n'en restait plus que vingt-deux – comme le nombre de sélectionnés pour la coupe du monde.

Tous, nous nous serrions les coudes parce que nous étions jeunes et loin de nos familles. Nous ne rentrions chez nous qu'à Noël et à Pâques. Je souffrais de l'éloignement, mais j'avais trouvé une famille d'accueil qui me considérait comme un fils adoptif : les Sanchez. M. Sanchez était le gardien du centre. Leur porte et leurs bras m'étaient toujours ouverts. Aujourd'hui, je leur dois une fière chandelle : c'est un peu grâce à l'affection qu'ils m'ont portée et au soutien sans faille qu'ils m'ont apporté que je suis devenu JPP.

Dès mon entrée à l'INF Vichy, Didier Tholot et moi nous sommes entraînés avec les troisièmes années et avons joué en troisième division. Mais je n'étais pas encore un stakhanoviste du foot, un mordu de l'entraînement, un adepte de la méthode Coué. Au ballon de cuir, je préférais les rondeurs des femmes. La première s'appelait Christine. Elle travaillait dans le magasin d'alimentation que ma mère avait acquis en 1981. C'était une assistante aux formes généreuses que mon charme ne laissait pas insensible. Un soir que nous étions seuls, nous avons « croqué la pomme » ensemble.

À Vichy, beaucoup de jeunes filles suivaient des formations de coiffeuse ou d'esthéticienne et faisaient assaut de leurs charmes dans les boîtes de nuit. Pour nous, les stagiaires, c'était une aubaine ! Surtout le samedi soir, quand il n'y avait pas de match le lendemain. Je n'étais pas non plus en reste les autres jours de la semaine : j'ai appris à faire l'école buissonnière à Valenciennes et le mur à Vichy. Mon entraîneur, André Merelle, m'a même infligé une amende de quatre cents francs – soit près de la moitié de ma solde mensuelle – pour m'être fait la belle un soir.

À l'INF, les jours s'enchaînaient avec une régularité de métronome. Le dimanche était l'apogée de la semaine, quand il fallait rentrer sur le terrain et défendre les couleurs du club. Je me souviens tout particulièrement d'un match contre Lens en quart de finale de la coupe Gambardella. Après les prolongations, nous avions procédé à la séance des tirs au but pour nous départager. Tous mes coéquipiers avaient marqué le leur. J'étais le dernier à tirer, le score était de 5-4. Le gardien que je défiais s'appelait Christophe Gardié. Je me suis élancé et il a plongé du bon côté. J'ai longtemps ressassé ce penalty arrêté qui nous avait éliminés de la coupe, mais j'ai eu l'occasion quelques années plus tard de me venger.

En 1989, lors d'un match OM-Lens, j'ai rejoué contre Christophe Gardié. Et quand l'arbitre a désigné le point de penalty pour une faute dans la surface, je me suis avancé vers le ballon sans l'ombre d'une hésitation. Cette fois, j'ai tiré en force. Christophe Gardié n'a pas eu le temps d'esquisser un geste. « Seules les montagnes ne se rencontrent jamais », dit un proverbe arabe.

Les duels entre l'attaquant et le gardien sont une phase de jeu que chacun des deux protagonistes a travaillé des milliers de fois à l'entraînement. L'avant-centre a plusieurs cordes à son arc : piquer le ballon, le placer, le reprendre de volée, tirer en force, dribbler le gardien. Dans ces cas de figures, je n'ai qu'une idée en tête : mettre la balle au fond des filets. Le reste est affaire d'instinct. Tout va d'ailleurs trop vite pour penser son but à l'avance. On m'a souvent demandé des petits « trucs » d'attaquant qui font la différence, mais je n'en connais qu'un seul, « frapper fort, frapper bien ». D'ailleurs, je ne suis pas un avant-centre à la Dellio Onnis, un numéro neuf qui sent bien les coups, je suis plutôt un attaquant en rupture. Je bouge beaucoup sur le front de l'attaque et je fais de nombreux appels en profondeur.

C'est en retournant à l'INF au début de la troisième année que j'ai cassé la 104 Z que ma mère m'avait offerte quelques mois plus tôt. Ce matin-là, il pleuvait des cordes. À quatre-vingts kilomètres de chez moi, j'ai fait de l'aquaplaning ; perdant le contrôle de mon véhicule, j'ai percuté une voiture en stationnement. J'ai fini par un tête-à-queue et je me suis retrouvé au milieu de la chaussée, en sens inverse. La trouille de ma vie ! J'ai téléphoné à mon père pour qu'il vienne remplir le constat. Il était tellement en colère qu'il ne m'a pas parlé pendant trois mois. Le soir même, je suis sorti en boîte à Vichy pour évacuer le stress accumulé lors de l'accident, et j'ai rencontré ma future femme. À quoi tient une vie !

À force de faire la java au moindre prétexte, il a fini par arriver ce qui devait arriver : lors des six premiers mois de la dernière année, je n'ai marqué qu'un seul but pour l'équipe première de l'INF ! Moi qu'on avait présenté comme une machine à faire trembler les filets, je ne trouvais pas mes marques sur le terrain, je n'étais plus dans le rythme. En février, je me suis ressaisi.

Le déclic a été le décès de ma grand-mère.

M. Sanchez est venu me voir à la fin d'une séance d'entraînement et m'a annoncé la terrible nouvelle. J'ai cru que le sol se dérobait sous moi : elle que j'avais tant chérie, qui avait compté plus que ma mère, n'était plus de ce monde. Je n'en croyais pas mes oreilles.

Je suis rentré en trombe à Valenciennes et j'ai pleuré durant toute la cérémonie de l'enterrement. Je le dis sans fausse honte : si on ne pleure pas un jour aussi triste, on ne pleurera jamais ! D'ailleurs, je suis de ceux qui pleurent facilement, peut-être en raison de mon émotivité. Un film sur le thème du divorce type *Le Champion* ou *Kramer contre Kramer* me fait fondre. Une scène de séparation m'attendrit. Un monument comme *Philadelphia* m'arrache chaque fois des larmes. Je considère que les hommes ne pleurent pas assez. Ils ont tort : c'est un excellent moyen de se vider nerveusement.

À la faveur du soir, je suis allé me recueillir sur la tombe de ma grand-mère. Et dans le plus grand secret, je lui ai fait une promesse : « Mamie, c'est moi, Coco. Maintenant, tous les buts que je vais marquer, je vais les marquer pour toi. Je vais en claquer le plus possible. C'est toi qui m'as encouragé dans cette voie, je vais te prouver que tu avais raison. »

Cet engagement solennel a été le détonateur : j'ai marqué onze buts dans les cinq derniers mois à l'INF. Un festival !

Mes débuts dans la carrière

Après l'INF Vichy, je suis retourné à l'US Valcnciennes parce que les dirigeants avaient mis une option sur moi. Mais je ne suis pas rentré seul : j'ai ramené dans mes bagages ma première femme, Françoise, que j'avais rencontrée le soir de mon accident de voiture et épousée en juin 1984. Christopher est né six mois plus tard à Vichy, le 1er décembre 1984. Sa naissance a été plus qu'une joie intense : elle m'a mûri. Sans lui, j'aurais pu devenir un fêtard invétéré ou un trousseur de jupons comme mon père, et je serais sans doute passé à côté d'une grande carrière.

Les problèmes matériels auxquels nous devions faire face m'ont aussi mis du plomb dans la tête. Dès notre arrivée à Valenciennes, j'ai dû me démener pour nous trouver un logement parce que le club n'avait pas tenu son engagement de mettre à notre disposition un appartement. Françoise était enceinte de trois mois et s'inquiétait de la précarité de notre situation. Nous avons dormi chez des amis qui tenaient une brasserie, puis Françoise est retournée habiter chez ses parents quelque temps.

Nous avons fini par emménager dans une HLM, au septième étage, dans un F2.

Nous avions du mal à joindre les deux bouts. Christopher ne manquait de rien, mais on se privait pour lui. Ma mère, qui tenait une boutique d'alimentation à Dunkerque, nous a beaucoup aidés. À la réflexion, toutes ces expériences m'ont été très utiles. Non seulement j'ai tiré parti de notre dénuement pour me faire réformer en tant que soutien de famille, mais je suis devenu un homme stable et équilibré à un âge où tous les autres joueurs se dissipaient. Quand eux rentraient de boîte de nuit, je me levais pour donner le biberon et changer les couches – j'ai été, je suis encore, un père très attentif, un « papa gâteau », qui aime les enfants, tous les enfants. J'en ai quatre aujourd'hui et je ne désespère pas d'en avoir d'autres.

À la sortie de la clinique en décembre, ma femme Françoise adressa un courrier recommandé au président du club, lui reprochant sa négligence envers nous. Un homme entendit nos doléances : M. Carpentier, le vice-président du club. Par l'entremise de sa société, il nous trouva un appartement au centre de Valenciennes dont il acquitta lui-même les loyers. Il nous acheta aussi une télé et un magnétoscope. Son attitude généreuse m'a permis de conserver un très bon souvenir du club et de cette année d'apprentissage. Je l'ai revu il y a peu à Valenciennes, quand je suis allé à l'inauguration d'un stade portant mon nom. Il était ému de voir que je ne l'avais pas oublié.

En 1984, l'US Valenciennes évoluait en deuxième division. Son effectif avait été renouvelé de près de cinquante pour cent à la trêve et comptait quelques joueurs de renom, dont Thierry Laurey et Laurent Fourrier. Dès le début de la saison, un nouveau concours de circonstances favorables a placé mon arrivée sous les meilleurs auspices : le titulaire au poste de numéro neuf, frère de Krimau, est parti faire les Jeux olympiques avec l'équipe du Maroc. J'ai pris sa place et je ne l'ai plus quittée.

J'ai joué mon premier match professionnel contre Caen, mais je ne me rappelle pas avoir ressenti une émotion particulière ce jour-là. À l'époque, déjà, je ne connaissais pas le doute. J'avais un tout petit salaire, mais les primes de match venaient mettre du beurre dans les épinards. Elles étaient souvent très importantes parce qu'elles étaient calculées en fonction du nombre de spectateurs. Or nous faisions un bon parcours en championnat, et le stade Nungesser ne désemplissait pas. Je me souviens même avoir touché de bonnes primes alors que nous avions perdu notre match !

La saison 1984-85 a passé comme un météore. L'US Valenciennes a fini sixième et j'ai marqué seize buts. J'ai signé mon premier exploit au Red Star. Nous sommes allés gagner là-bas trois à un et j'ai réussi le hat-trick parfait : pied droit, pied gauche et tête ! Assez vite, j'ai été sollicité par d'autres clubs. Lens et Lille avaient un œil sur moi, mais les six cent mille francs que demandaient le club leur paraissait un prix trop élevé pour un jeune joueur.

Aujourd'hui, les pratiques dans le foot ont bien changé : des détecteurs supervisent tous les matchs de jeunes – y compris les poussins – et incitent les meilleurs à entrer dans des centres de formation. Peu en sortent par la grande porte, mais les plus talentueux signent des contrats professionnels de plus en plus jeunes, souvent avant même d'avoir éclaté au plus haut niveau : je pense à Nicolas Anelka passé du PSG à Arsenal ou à Sébastien Frey que la Juventus vient d'acheter à Cannes alors qu'il n'a pas dix-sept ans. Pour les grands clubs, compte tenu de l'inflation du prix des transferts, il revient moins cher de spéculer sur un talent que d'acheter un joueur confirmé. Ronaldo n'a-t-il pas été acheté récemment deux cents millions de francs à vingt et un ans ?

Les dirigeants du FC Bruges avaient déjà adopté cette méthode de recrutement bien avant l'heure. Ils sont venus me superviser six fois et ont été séduits par mes qualités de buteur. Raoul Lambert, grand avant-centre belge qui les accompagnait, les a assurés de la pertinence de leur choix : « Mon successeur à la pointe de l'attaque de Bruges, ce sera lui, et personne d'autre ! » Ils ont donc offert un million deux cent mille francs pour s'assurer qu'il n'y aurait aucune surenchère sur moi. Par la même occasion, ils ont doublé mon salaire. À vingt-deux ans, je ne pouvais refuser pareille offre qui me permettait de gagner décemment ma vie en faisant ce que j'aimais le plus au monde : jouer au foot !

De toute façon, dès qu'il a pris connaissance de la proposition du FC Bruges, le président de l'US Valenciennes m'a supplié d'accepter : il avait besoin de l'argent de mon transfert pour boucler son budget. J'ai donné mon accord sans état d'âme. La Belgique, c'était la porte à côté, même si la langue parlée était le flamand. Et puis, à l'époque, le championnat belge n'avait rien à envier au championnat français. Pour couronner le tout, Bruges avait fini deuxième de son championnat et s'apprêtait à disputer la coupe de l'UEFA. Des joueurs prestigieux y évoluaient, dont Jan Ceulemans, capitaine de l'équipe de Belgique, Jensen, le gardien de l'équipe du Danemark, Francky Van der Elst, Marc de Gryse...

Quand j'ai débarqué à Bruges, j'étais un petit Français inconnu qui n'avait rien prouvé à personne. À peine avais-je marqué seize buts en deuxième division, ce qui n'avait rien d'extraordinaire. J'ai pourtant été accueilli à bras ouverts. L'administration s'est pliée en quatre pour me trouver une belle maison à douze kilomètres de Bruges. Les joueurs ne m'ont jamais méprisé malgré mon très pauvre palmarès. Ils m'ont même gratifié d'un surnom plutôt sympa si l'on tient compte de tous ceux qui viendront par la suite : « Jempi ». Et puis je suis tombé sous le charme de la Venise du Nord, avec ses canaux, son beffroi, sa cathédrale, ses remparts qui ceignent la ville et la rendent plus secrète, plus mystérieuse encore.

Le FC Bruges ne m'avait pas engagé pour être titulaire, mais pour pallier une éventuelle défaillance de son attaquant vedette, Willy Wellens. Bien leur en a pris : pendant la tournée d'après-saison au Sénégal, il s'est claqué aux adducteurs et a été indisponible pour plusieurs mois. Comme cela s'était produit à Valenciennes, j'ai pris sa place pour ne plus la quitter. Parfois, je me demande à quel point ces coïncidences sont fortuites, je me demande aussi à quel niveau j'aurais joué si elles n'avaient pas eu lieu. J'arrive toujours à la même conclusion : tous les concours de circonstances qui ont jalonné ma vie n'ont fait qu'accélérer l'inéluctable. D'une manière ou d'une autre, j'aurais joué au plus haut niveau. Mais je reconnais que j'ai eu la chance d'être à chaque fois « *the right man at the right place at the right time* ».

La compétition a commencé par la coupe des Flandres où j'ai marqué but sur but. Les trente-cinq mille spectateurs du stade de l'Olympia-Park ont tout de suite apprécié ma combativité. À l'époque, je me battais comme un lion sur tous les ballons. J'avais des lacunes techniques, mais une telle rage de vaincre qu'on me pardonnait mes erreurs. Les casquettes et des écharpes Jempi se vendaient comme des petits pains. Les supporters me portaient aux nues.

Mais c'est aussi en Belgique que j'ai pris deux des quatre cartons rouges de ma carrière (les deux autres en Italie et en Allemagne). Je fais partie de ces attaquants qui considèrent que le tacle est un geste d'attaque. Je mets la pression sur mon stoppeur tout le match, comme lui s'attache à me déstabiliser psychologiquement ou à me gêner physiquement. J'essaye de le pousser à bout en me moquant ouvertement de lui. Je suis ce qu'on appelle un « chambreur ».

Même si c'est regrettable de parler en ces termes, le terrain a quelque chose d'un ring. Il faut mettre K.O. son adversaire avec le ballon, mais aussi avec des procédés moins glorieux : insultes, crachats, coups de pied, coups de coude, pieds écrasés au moment de sauter sur les corners, bousculades, tirage de maillot. Le carton rouge que j'ai pris en Italie faisait suite à un coup de tête que j'avais mis à un défenseur de la Reggianna parce qu'il m'avait mis une main aux fesses ! C'est dire si tout est permis.

En fait, plutôt qu'un combat de boxe, un match de foot présente de nombreuses similitudes avec une pièce de théâtre. Le stade est une scène, les joueurs des acteurs, l'arbitre un metteur en scène. Il y a unité de temps, de lieu et d'action, mais le spectacle a ses codes. Il faut des vainqueurs et des vaincus, de l'émotion et des altercations, des dribbles et des tacles, des coups de théâtre et des coups bas. Dans cette logique théâtrale où la victoire prend le pas sur le plaisir, le stoppeur idéal est celui qui allie la puissance à la hargne. Basile Boli, William Prunier ou Fernando Couto savaient jouer de leur physique et de leur méchanceté pour intimider leur adversaire. Je garde des souvenirs impressionnés de mes confrontations avec eux, même si, à la fin du match, nous nous serrions la main et échangions nos maillots.

C'est un paradoxe propre au sport de haut niveau : parmi les joueurs auxquels je me suis le plus frotté, je compte des amis !

En Belgique, j'ai fait un départ un peu moins tonitruant en championnat qu'en coupe des Flandres. J'ai tiré deux fois sur le poteau lors des deux premiers matchs, mais mon compteur est resté bloqué à zéro. Il a fallu un beau geste de Ceulemans pour que le déclic se produise. Il a passé en revue toute la défense adverse, a éliminé le gardien et m'a servi une balle de but sur un plateau alors qu'il pouvait aussi bien le marquer lui-même. Cet altruisme m'a fait chaud au cœur et m'a surtout remis dans le sens de la marche. À partir de ce jour-là, je n'ai plus arrêté de claquer.

L'ambiance dans l'équipe était inoubliable. Nous disposions d'une salle avec un bar toujours plein et un billard américain. Tous les jours, un joueur préparait le café, un autre prenait place derrière le bar. Après chaque match, quel que soit le résultat, nous nous retrouvions entre joueurs pour écluser de la bière à n'en plus finir. Certains buvaient jusqu'à quinze demis dans la soirée, mais – miracle ! – ils étaient frais ct dispos à l'entraînement huit heures plus tard. Moi, je n'ai jamais su boire. Deux bières, et je suis fatigué. J'ai les jambes flageolantes, les paupières lourdes.

Ma première cuite date justement de Bruges. C'était à Moscou. On avait joué et perdu contre le Spartak. L'hôtel Cosmos était un de ces grands hôtels destinés à la clientèle européenne très argentée. Il servait de vitrine au régime communiste, mais l'éclat du hall et le faste déployé dans les couloirs cachaient mal la misère galopante dans les rues de la capitale. Dans la discothèque installée dans les sous-sols, j'avais bu deux vodkas d'affilée. Je n'avais pas eu à attendre longtemps : tout avait commencé à tourner dangereusement. Les deux grands joueurs noirs du club m'avaient retrouvé la tête dans le lavabo ! Ils m'avaient soulevé par les épaules, porté dans ma chambre comme deux videurs et mis sous la douche. Aujourd'hui encore, je n'ai aucun souvenir de la visite de la place Rouge que nous avons faite le lendemain...

À Bruges, la fraternité entre les joueurs n'était pas feinte, et les résultats suivaient fort logiquement. Pour le club, la saison 1985-86 a été un cru tout à fait exceptionnel. Nous avons été au coude à coude avec Anderlecht toute la saison. À la fin du championnat, nous étions à égalité parfaite : même nombre de victoires, de matchs nuls et de défaites – et la fédération ne tenait pas compte du *goal average* pour désigner le champion de Belgique. Aussi, pour nous départager, nous avons été obligés de faire la finale du championnat en matchs allers-retours. Nous avons perdu en raison des buts inscrits à l'extérieur : 1-1 là-bas, 2-2 chez nous. Ceulemans a eu la balle de match à cinq minutes de la fin, mais il a tiré sur le poteau. Nos deux équipes étaient si proches l'une de l'autre que lors de nos quatre confrontations dans l'année, il y a eu 0-0, 1-1, 2-2 et 3-3. Malgré cet accroc en championnat, nous n'avons pas boudé notre plaisir. Quinze jours plus tôt, nous avions gagné la coupe de Belgique dans ce qui était le derby de l'année contre nos frères ennemis du Cercle de Bruges.

Plus que tout autre, j'ai bénéficié de la réussite de mon club. L'argent n'a plus manqué dans notre foyer et l'ordinaire n'a fait que s'améliorer. Je me suis même offert ma première voiture : une Renault 18. J'ai marqué aussi vingt et un buts en championnat, huit en coupe de Belgique et cinq en UEFA – dont un hat-trick contre Boavista qui m'a fait connaître du public français et surtout du sélectionneur national. Antenne 2 s'est déplacé dès le mois d'octobre pour me consacrer un petit reportage : la France découvrait soudain que l'un de ses représentants évoluait dans un championnat étranger, y réussissait et ne s'appelait pas Platini !

À la réflexion, j'ai fait le parcours inverse de tout le monde : je suis parti à l'étranger pour me faire un nom, alors que tous ceux qui y allaient s'étaient déjà forgé une réputation dans l'Hexagone et la monnayaient à l'étranger.

Mais la saison 1985-86 reste quand même l'année de mes deux sélections en équipe de France espoir et en équipe de France A. À cette époque – mais c'est encore un peu vrai aujourd'hui – la France manquait cruellement d'attaquant, et tout particulièrement de numéro neuf. Tout le monde avait encore à l'esprit l'épopée en Espagne, le carré magique Tigana-Genghini-Platini-Giresse, les occasions ratées devant le but et la demi-finale perdue à Séville. Les spécialistes du ballon rond s'accordaient sur un point : il manquait un buteur à l'équipe de France ! Certains ont pensé tout de suite que je pouvais être celui-là. Henri Michel aussi. Il m'a téléphoné à Bruges pour m'annoncer ma première sélection pour le match France-Irlande du Nord du 26 février 1986.

Quinze jours plus tard, j'étais sur un nuage... en stage à Jouy-en-Josas avec Tigana, Fernandez, Giresse, Bats, Battiston, Bossis, Amoros... Tous ces joueurs dont j'avais eu les posters dans ma chambre de l'INF trois ans plus tôt, je les côtoyais à présent.

Le moment le plus magique de ce stage a été le dimanche soir, quand je me suis retrouvé nez à nez avec mon idole. Michel Platini rentrait d'Italie où il venait de faire un match avec la Juventus de Turin le dimanche après-midi. J'étais en train de jouer tout seul au billard quand il est arrivé. Avec son grand manteau noir, ses vêtements italiens et son élégance, il m'en imposait, à moi qui n'avait que des survêtements et des tennis. D'un geste, il a enlevé son manteau et a joué avec moi. J'étais comme un enfant qui ouvre ses cadeaux de Noël.

Le match de l'équipe de France s'est soldé par un triste 0-0. Le souvenir est encore très présent à ma mémoire. J'étais rentré sur le terrain transcendé par le maillot tricolore des fameux « Bleus ». L'hymne national m'avait chaviré le cœur, les acclamations du public me l'avaient réchauffé. En point de mire se profilait la coupe du monde au Mexique.

Les années OM

L'an I : 1986-87, l'apprentissage

Dès le début de l'année 1986, Monaco a dépêché Henri Biancheri à Bruges pour me faire signer un contrat de non-sollicitation. Il a contacté mon agent et provoqué un rendez-vous à trois. En deux coups de cuiller à pot, il m'a convaincu de rejoindre la principauté de Monaco à la fin de l'année : non seulement il m'a fait miroiter le soleil et la Méditerranée, mais il a proposé de décupler mon salaire ! Sa seule erreur a été de ne pas s'adresser aux dirigeants du FC Bruges qui n'ont pas apprécié d'être ainsi snobés.

En mai, l'OM m'a contacté par l'entremise de Michel Hidalgo. Il m'a simplement demandé si j'étais disposé à venir jouer sur la Canebière et je n'ai pas dit non. Bernard Tapie m'a appelé un mois plus tard. Je ne le connaissais pas du tout. À peine avais-je entendu parler de lui dans les médias, mais j'étais curieux et impatient de savoir ce qu'il avait à me dire. Il a su se montrer convaincant : « Jean-Pierre, je viens de racheter l'OM. J'ai besoin de toi. Je double ton salaire. »

Dans la foulée, il s'est engagé à aplanir les difficultés nées de mon contrat signé avec Monaco. Son ton de voix et son attitude de gagneur m'ont plu : je lui ai confirmé ma venue à l'OM, même si le club ne disputait pas de compétition européenne l'année suivante. En raccrochant, j'étais comme sonné. Les événements se télescopaient avec une telle force que je n'en avais plus du tout la maîtrise. L'INF, US Valenciennes, Bruges, l'équipe de France et maintenant Marseille en l'espace de deux ans, c'était beaucoup pour un seul homme ! Tout allait trop vite.

Je ne savais pas encore que l'OM deviendrait le club de ma vie, que j'aimerais l'OM comme – je crois – personne ne l'a aimé.

Deux jours après le coup de fil de Tapie, nous nous sommes retrouvés dans son bureau de l'avenue Friedland, à Paris. Il était assis dans un grand fauteuil adossé à la fenêtre. La maquette du *Phocéa* trônait devant lui. Des photos de sa famille étaient placardées au mur. En le voyant pour la première fois, j'ai eu le sentiment qu'il était un être hors norme. Depuis, je repense toujours à sa fameuse règle de trois : vingt premiers mots, vingt premières secondes, vingt centimètres du visage. Je l'ai souvent mise en pratique et je ne me suis pas beaucoup trompé. Pour Tapie aussi, elle a marché : dès le premier regard, il m'a impressionné. Il irradiait une formidable énergie de vivre et de vaincre qui ne pouvait laisser insensible un gagneur comme moi.

En même temps, j'ai eu tout de suite le sentiment qu'il n'y connaissait rien en foot – même si, deux ou trois ans plus tard, ce sport n'aurait plus de secrets pour lui. Mais il avait déjà cette remarquable force de persuasion qui faisait sa singularité. Très vite, il avait trouvé un terrain d'entente avec les dirigeants brugeois sur une indemnité de transfert qui avoisinait douze millions de francs. Et les instances fédérales, quelques semaines plus tard, avaient tranché en sa faveur pour le contentieux l'opposant à Monaco.

Tapie a pris en charge mon déménagement et nous nous sommes installés, Françoise, Christopher et moi, dans une belle résidence du boulevard Michelet appelée Le Soledad, à proximité du stade Vélodrome. Je me suis senti tout de suite comme chez moi à Marseille. Ma théorie est simple : quand on veut être bien quclquc part, on fait tout pour l'être !

Je n'ai pas subi le choc des cultures entre la rigueur du Nord et le folklore du Sud, les terrils et les calanques, les Ch'tis et les minots, parce que je ne touchais plus terre. Tout cet argent qui tombait dans mon escarcelle comme une manne miraculeuse m'avait grisé. Selon l'expression consacrée, j'ai flambé. J'ai changé de voiture tous les mois, passant en revue toute la gamme BMW du premier modèle au plus sophistiqué. Je cherchais la voiture idéale – que je n'ai toujours pas trouvée, d'ailleurs. Je me suis doté de tous les équipements les plus modernes en hi-fi, vidéo... J'ai acheté une maison avec piscine à Cassis.

Ma réaction était compréhensible : j'avais vécu d'expédients pendant quelques années, j'entendais rattraper le temps perdu et me faire plaisir. Jusqu'au jour où, au bout de huit mois, j'ai reçu une lettre recommandée du Trésor public m'enjoignant de payer le premier tiers provisionnel qui approchait trois cent mille francs. Or j'ignorais ce qu'étaient les impôts pour deux raisons : je n'avais jamais été imposable en France et ils étaient prélevés à la source en Belgique. Pour couronner le tout, je n'avais plus un sou vaillant en poche. J'ai appelé Bernard Tapie qui m'a expliqué le principe des impôts et qui m'a aussi avancé la somme réclamée pour que je m'acquitte de mes devoirs de citoyen. Ce jour-là, j'ai pris conscience que j'étais « à côté de mes pompes » – ce qui est le comble pour un footballeur.

Christian Zéroukian m'a aussi aidé à rebasculer dans le monde réel. Je l'avais rencontré lors d'un barbecue organisé chez un ami commun. Tout de suite, on s'était appréciés, devinés, compris. En quelques jours, il est devenu mon premier vrai ami. Nous nous appelions huit à dix fois par jour. Nous jouions comme des acharnés au tennis. Il m'accompagnait dans beaucoup de mes déplacements. Il n'était pas rare que j'aille dans sa pharmacie, que je m'installe derrière le comptoir et que je serve les clients qui roulaient des yeux ébahis en me reconnaissant. Par leur simplicité, leur hospitalité et leur gentillesse, Christian, sa femme Laurence et leur fille Marie – dont je suis le parrain – ont toujours su me montrer comment vivait une famille normale, hors du star-system, confrontée à des problèmes quotidiens.

C'est aussi à cet ami que je dois d'avoir pu garder les pieds sur terre. Il m'a apporté de la réalité, je lui ai offert du rêve.

Pour une première année en première division, Tapie avait frappé fort, et l'équipe avait belle allure : Joseph Antoine Bell, Karl-Heinz Forster tout juste finaliste de la coupe du monde, Alain Giresse, François Brisson, Jean-François Domergue, Thierry Laurey avec qui je jouais à Valenciennes, Franck Passy, Jean-Pierre Bade, Christophe Galtier, Jean-Louis Zanon, Jacky Bonnevay – sans compter Bernard Genghini qui nous rejoindrait en cours de saison. L'entraîneur, Gérard Banide, avait encadré, avec Henri Michel, l'équipe de France au Mexique.

Un des hasards du calendrier a voulu que nous jouions contre Monaco lors de mon premier match au Vélodrome. Nous étions le 5 août 1986 et le record d'affluence fut battu une première fois avec plus de quarante-six mille spectateurs. Nous avons gagné 3-1 et j'ai fait tout de suite mienne la devise du club : « Droit au but ». J'en ai marqué deux dans une liesse indescriptible. L'autre buteur a été Patrick Cubaynes. À la fin du match, le public scandait mon nom avec ferveur. J'étais le petit dernier, celui qui avait tout à prouver, mais Marseille me réservait déjà une ovation monstre. Aujourd'hui encore, à l'évocation de ce souvenir, je frissonne.

La suite de la saison a été moins enthousiasmante et mes relations avec le public se sont un peu dégradées : j'étais encore un joueur brouillon, qui se créait un maximum d'occasions mais qui en ratait beaucoup. J'arrivais à marquer des buts très difficiles et à manquer l'immanquable ! Si bien qu'à la fin de la première année, mon compteur affichait seulement treize buts en championnat pour un nombre incroyable d'occasions franches. C'est cette année-là, lors d'un OM-PSG où j'avais été assez malheureux dans mes tentatives, qu'un supporter a lancé le slogan : « JPP, j'en peux plus ! » La boutade a fait le tour de Marseille, mais les spectateurs ne m'ont jamais tellement tenu rigueur de ma maladresse, car je mouillais mon maillot pour l'OM.

Dès la première année à Marseille j'ai su me remettre en cause, mais je n'ai jamais vraiment douté de mes possibilités. J'ai continué de jouer sans calcul, avec une envie formidable, un plaisir sans cesse renouvelé de taper dans un ballon. De Bruges à Bordeaux, ce plaisir ne m'a jamais quitté. J'arrêterai quand je ne connaîtrai plus cette joie de jouer. Je m'en approche à grands pas.

À la trêve de Noël, nous sommes partis en tournée à Tahiti après avoir effectué une première partie de saison exemplaire. Cette tournée est restée comme l'une des plus fantaisistes et des plus sympathiques que j'aie jamais faites. À l'origine, nous devions jouer trois matchs et faire un stage de préparation physique pendant dix jours, mais le lieu où nous logions ne donnait guère envie de se faire violence : tous les hôtels ayant été réservés à l'avance, les dirigeants marseillais avaient dû louer des bungalows au Club Med.

Le voyage a été mouvementé : à Los Angeles, alors que nous étions en transit dans l'aéroport, nous avons joué aux boules avec des pièces de monnaie sous le regard ahuri des douaniers. Et dans l'avion, nous avons organisé un *Trivial Pursuit* géant. C'est pourquoi Michel Hidalgo, quand nous sommes arrivés à Tahiti, a tenu à nous faire la leçon : « Je ne veux pas entendre parler de vous pendant dix jours. Vous rentrez dans vos bungalows et vous dormez. »

Il était onze heures du soir, mais avec le décalage horaire, nous étions en pleine forme. À minuit, nous étions tous dans la piscine, à trois heures du matin tous en boîte. Un Tahitien qui nous avait reconnus nous a offert de payer toutes nos consommations. Nous avons beaucoup bu jusqu'au petit matin et sommes partis sans régler l'addition. Dès le lendemain, à la première heure, le responsable de la boîte est venu voir Hidalgo, alors manager général du club, pour se faire payer les consommations !

La suite du stage a été dans la même veine. Hidalgo nous avait interdit de nous exposer trop longtemps au soleil, mais le deuxième jour, nous étions tous en train de nous faire bronzer sur la plage. Comme de bien entendu, pas un d'entre nous n'a échappé aux coups de soleil ! Le lendemain, les entraînements ont été supprimés parce que le terrain était une véritable taupinière. Les matchs que nous avons joués contre des équipes locales ont dégénéré en bagarre générale parce que les joueurs d'en face avaient eu le tort de tacler très sévèrement Gigi, autrement dit Alain Giresse qui était à la fois notre mascotte et notre maître à jouer.

Dans la journée, nous étions livrés à nous-mêmes. Jeux olympiques du Club, plongées, détente, soirées arrosées, nous avons goûté à tous les fruits défendus. Je me souviens qu'un soir, en rentrant de boîte, nous avons entendu des bruits suspects dans une case. Nous nous sommes approchés et nous avons vu un couple en train de lutiner. Notre groupe s'est scindé en deux – une dizaine à chaque fenêtre – pour ne pas perdre une miette du spectacle. Le lit était au milieu de la pièce. Et les fenêtres étant placées en face l'une de l'autre, en levant les yeux du lit, on pouvait échanger des regards complices avec les autres joueurs qui reluquaient, eux aussi, le couple. Au bout d'une bonne demi-heure, quand les ébats ont pris fin, nous avons applaudi à tout rompre !

Le retour en avion a été tout aussi folklorique que l'aller. Nous sommes partis en short, tee-shirts et claquettes de Tahiti et nous sommes arrivés à Paris dans la même tenue, alors qu'il faisait moins neuf degrés. Angine pour tout le monde !

Au final, ce séjour nous a permis de décompresser, et le bilan sportif de la saison est quand même resté positif : une année de course-poursuite avec Bordeaux pour finir deuxième du championnat. J'en ai conçu de l'amertume car nous étions premiers à quatre journée de la fin. Mais le comportement de certains joueurs ne nous a pas permis de garder le cap ! En effet, certains s'étaient mis à « déjouer » parce que leur agent leur avait mis en tête qu'ils étaient sous-payés par rapport aux gros salaires du club ! C'était bien entendu invérifiable. Dans un même club, les joueurs ignorent la plupart du temps les gains de leurs homologues.

L'équipe a réussi le « doublé Poulidor » : deuxième en championnat et finaliste de la coupe de France que nous avons perdue contre ces mêmes Bordelais qui, cette année-là, était plus réguliers : le match Bez-Tapie était lancé. Pour un club qui montait de deuxième division, cela constituait quand même une excellente performance.

Je vivais un rêve. Tout se passait comme si j'avais toujours habité le sud de la France, comme si Marseille m'acceptait comme l'un des ses fils à part entière. Je priais en passant devant Notre-Dame-de-la-Garde, je chantais sur la Canebière, je frissonnais en apercevant le château d'If. Mais je me sentais encore davantage en symbiose avec l'OM. J'étais tout autant séduit par son président charismatique et hypermédiatisé que par ses joueurs soudés ou ses supporters extraordinaires. J'en profite pour les remercier tous de leur soutien – que ce soit les Ultras, les Winners, les Yankees ou les autres. Ils ne m'ont jamais abandonné, même dans les moments difficiles. L'OM leur doit une fière chandelle. Sans eux, le club n'existerait pas – la réciproque est fausse. L'année de mon arrivée, le club a d'ailleurs établi un nouveau record d'affluence avec une moyenne de trente et un mille spectateurs.

On ne dira jamais assez combien la fonction sociale de l'OM est vitale dans une ville comme Marseille. Le club n'est pas seulement un creuset de culture où se mélangent les races, les couleurs ct lcs scxcs, c'cst aussi un formidablc cxutoire pour toutes ces haines accumulées dans les cités. Quand l'équipe va jouer, la ville tombe dans une sorte de torpeur magique : tout devient silence. C'est une étrange communion qui prend aux tripes. Tous les habitants, noirs ou blancs, riches ou pauvres, chrétiens ou musulmans, ont une seule et même idée en tête : la victoire de l'OM.

À l'époque, le seul reproche que je pouvais faire au club, mais qui faisait aussi que l'OM était l'OM, c'était le manque d'infrastructures : il n'y avait pas de centre d'entraînement, ce qui nous obligeait à changer de terrain tous les mois. Du coup, j'avais des difficultés à trouver mes marques – ce qui est gênant pour un buteur ! Je regrettais aussi qu'il n'y ait pas un centre de formation digne de ce nom, qui soit un véritable réservoir de footballeurs pour la France. Qu'on songe que des joueurs aussi exceptionnels que Tigana, Cantona ou Zidane ont éclos ailleurs que dans leur ville natale !

Cependant, tous ces inconvénients étaient balayés en entrant le samedi soir au stade : si la ville était silencieuse, le Vélodrome entrait en éruption comme un cratère surchauffé. Moi, je vibrais avec le public. Dans le tunnel qui mène au terrain, j'entrais en résonance avec les chants et les encouragements qui montaient dans le ciel de Provence. Et au coup d'envoi, je savais que ma place était là, parmi eux, à Marseille.

La saison s'est conclue de la plus belle des façons, puisque Méryl est née en juin à Montpellier. Avec un garçon et une fille, j'étais un père comblé. Je ne dirai jamais assez combien mes enfants sont importants dans ma vie. Ils sont ma raison de vivre.

L'an II : 1987-88, le capitanat

Au début de la deuxième année, nous sommes partis en stage à Barcelonnette et je me suis mis à travailler le sprint, la musculation, les tirs dans toutes les positions. Je me suis donné à fond, comme jamais auparavant.

Puis j'ai décidé de travailler après les entraînements pour m'améliorer devant le but et réussir le geste juste. Tous les jours, je restais une demi-heure à une heure de plus que les autres. Je travaillais toutes les situations de but, mais surtout les volées avec deux centreurs. Je me suis aperçu à la longue que ces efforts étaient payants. Sur le terrain, je me posais de moins en moins de questions. J'avais tellement répété les mouvements qu'ils s'étaient imprimés dans ma mémoire et dans ma chair comme des gestes innés. À peine la balle arrivait-elle que je la reprenais comme elle venait. C'est ce que j'avais compris avant tout le monde et que l'on constate aujourd'hui : au plus haut niveau, la plupart des buts sont marqués sans contrôle ! Aujourd'hui, les statistiques de la fédération sont éloquentes : 84 % des buts sont inscrits avec moins de deux touches de balle.

Les buts étrangers ont aussi exercé une grande influence sur moi : je me demandais pourquoi les footballeurs allemands, par exemple, marquaient tant de buts de trente mètres dans la lucarne. J'ai décidé de travailler les tirs de loin pour les imiter. J'étais déjà animé de cette volonté de gagner, poussé par une force intérieure qui me disait : « Reste, bosse, à un moment ou à un autre ça va payer ! » Je ne me trompais pas.

Cette année-là, j'ai été meilleur buteur du championnat avec dix-neuf buts, le premier depuis longtemps à détrôner l'un des nombreux étrangers qui évoluaient dans l'Hexagone et auxquels ce titre était régulièrement dévolu. C'est moi qui ai cassé cette image castratrice du buteur français incapable de marquer, ou alors en dribblant le gardien et en rentrant dans les buts avec la balle. Depuis, il n'est pas rare de voir un Français finir soulier d'or (Youri Djorkaeff, Patrice Loko, Nicolas Ouédec, Stéphane Guivarc'h...).

C'est aussi cette année-là que le mot « papinade » est né lors d'un match contre Niort. Bernard Genghini m'a fait une longue passe dans le dos de la défense. Je suis arrivé à toutes jambes et je l'ai reprise en pleine course du plat du pied – mais avec force – dans le côté gauche opposé. Le grand public a ainsi découvert ma capacité à marquer des buts dans des positions invraisemblables, mais des « papinades », j'en avais déjà réussi des centaines avant.

Tous les entraîneurs que j'ai eus ont remarqué en moi des aptitudes pour devenir non pas un footballeur d'exception, mais très certainement un buteur hors du commun. Je ne sais pas expliquer d'où vient cette facilité, ni pourquoi j'ai ce don quand la plupart des autres sont là pour arrêter les buts. C'est sans doute l'accomplissement de ma destinée.

Malgré tout, la saison 1987-1988 ne me laisse pas un souvenir agréable. L'ambiance dans le club était plutôt morose : les joueurs restaient sur leur quant-à-soi et venaient à l'entraînement comme des employés vont au bureau. Même lors des journées et des nuits passées au Sofitel de Marseille tous ensemble, il n'y avait pas cette solidarité et cette flamme des autres années. Car nous nous sommes retrouvés à l'hôtel chaque veille de match pendant six ans ! Cela faisait partie du rituel d'avant-match : se réunir ensemble et se mettre en condition psychologique pour arracher la victoire. À la réflexion, je ne suis pas pour une mise au vert systématique. J'estime que les joueurs sont suffisamment responsables pour se gérer eux-mêmes. Ce sont des professionnels. Et puis, il n'y a rien de plus ennuyeux que de passer deux après-midi et une matinée enfermé dans un hôtel, rien de plus frustrant que d'habiter à deux pas de sa famille sans pouvoir la voir.

Dans le même ordre d'idée, je suis favorable à la présence des femmes lors des stages de longue durée. Il suffit de se référer aux Belges à la coupe du monde au Mexique : ils avaient décompressé en compagnie de leurs compagnes avant leur quart de finale et s'étaient qualifiés contre toute attente. Tout joueur puise son équilibre dans ce qui le fonde, et notamment dans sa famille. C'est tout particulièrement mon cas aujourd'hui : ma femme et mes quatre enfants sont ce que j'ai de plus cher au monde, et leur présence me rassérène.

La saison 1987-1988 est peut-être la seule année où Bernard Tapie n'a pas su négocier la délicate période des transferts, en tout cas la seule année où le recrutement n'a pas été à la hauteur de ses ambitions. Aucun des nouveaux venus ne s'est vraiment imposé, hormis Yvon Le Roux, stoppeur émérite, et Klaus Allofs qui était l'une des grandes stars de la Bundesliga. Il a tenu un rôle fondamental dans mon apprentissage du football de haut niveau. Non seulement il a accaparé l'attention des défenses adverses et m'a donc implicitement laissé le champ libre pour marquer, mais il m'a donné une leçon d'altruisme : il m'a offert de nombreuses balles de but avec son pied gauche qui faisait souvent mouche, de sorte qu'il a fini meilleur passeur du club, et moi, meilleur buteur. Klaus Allofs m'a aussi enseigné une culture tactique du replacement défensif que je n'avais pas et qui m'a fait franchir un niveau de plus.

Malgré son apport, l'équipe a régressé. Nous avons été éliminés de la coupe de France au premier tour par Bastia et nous avons fini sixième du championnat avec quinze défaites. Nos espoirs de coupe d'Europe se sont envolés avec cette place qui, à l'époque, n'était pas qualificative – je me réjouis qu'aujourd'hui, le dixième club français puisse disputer l'UEFA : cela veut dire que notre football est quand même en bonne santé quoi que puissent en penser certains journalistes défaitistes.

La seule satisfaction de cette saison reste d'être allé jusqu'en demi-finale de la coupe des coupes.

Après avoir éliminé le Lokomotiv de Leipzig finaliste l'année précédente et surtout Hadjuk Split par 4-0 au match retour lors d'une rencontre classée match de l'année par France-Football, le sort nous a désigné un club finlandais inconnu que nous avons battu 1-0 et 3-0. Pour la première fois de sa longue existence, Marseille s'ouvrait les portes d'une demi-finale de coupe d'Europe. Mais l'adversaire qui nous était opposé était autrement plus coriace que les Finlandais de Rovaniemi : il s'agissait de l'Ajax d'Amsterdam ! Après un match « sans » au Vélodrome que nous avons perdu lourdement 3-0, nous avons sauvé l'honneur en arrachant la victoire en Hollande 2-1.

Ce match retour est resté gravé dans ma mémoire parce que j'y ai pris le brassard de capitaine – remis solennellement par Alain Giresse qui raccrochait les crampons – et que je ne l'ai plus quitté durant quatre ans ! C'est moi, désormais, qui ferais l'échauffement collectif avant les matchs, moi aussi qui accueillerais les nouveaux venus et les initierais à l'esprit olympien.

Mais le brassard n'a pas effacé la désillusion de la défaite. J'ai été malade d'avoir été sorti de la coupe des coupes si près du but. Chaque fois que je rentre sur un terrain, c'est pour gagner. Ma rage de vaincre s'exerce aussi lors de jeux plus innocents tels que le tarot ou la contrée. Christian Zéroukian, qui est mon partenaire privilégié au tennis, prétend même qu'il me laisse gagner de temps à autre pour ne pas avoir à supporter ma mauvaise humeur le reste de la journée... Je suis très mauvais perdant. C'est sans doute mon côté « sale gosse teigneux » qui ressurgit dans ces moments difficiles pour moi.

Mes amis citent souvent une anecdote qui remonte à ma première année marseillaise. Nous étions au milieu du repas, lors d'un déjeuner, chez Christian, mais comme je ne tenais pas en place, je m'étais levé pour jouer au foot avec Marie, sa petite fille. Je m'amusais à la dribbler – comme les pères le font souvent avec leurs enfants – tandis qu'elle essayait en vain de récupérer son ballon. Au bout de cinq minutes, elle s'était mise à pleurer et tous les amis encore attablés m'avaient prié de lui rendre son bien. Mais plutôt que de le lui donner – et de concéder ainsi une forme de défaite, j'avais préféré le mettre sur le toit pour qu'aucun de nous deux ne l'ait ! Cette histoire dit à quel point je supporte difficilement de perdre ! Une défaite avec mon club me laisse K.O. le soir et le lendemain. Puis la vie reprend le dessus. Je suis d'un naturel optimiste. Je pense au match suivant et je me remotive.

Après une défaite, je juge tout autant la prestation globale de l'équipe que la mienne. Mais il fut un temps, avant mon arrivée à Marseille, où mon rendement m'importait plus que celui de l'équipe. C'était un réflexe compréhensible de la part d'un jeune joueur très égoïste comme doivent l'être les grands attaquants. Je me trouvais devant le paradoxe suivant : l'équipe perdait 2-1, mais comme j'avais marqué, je considérais que j'avais quand même tiré mon épingle du jeu. Grossière erreur ! Le football est avant tout un sport collectif qui implique une vingtaine de joueurs. À Marseille, je l'ai compris très vite. Aujourd'hui encore, à Bordeaux, je fais volontiers don de ma personne à l'équipe. Cela ne me gêne pas du tout de me sacrifier, de faire le travail ingrat pour que Lilian Laslandes puisse marquer.

L'année 1987-1988 a été une année « sans ». Sur le plan personnel, tout n'allait pas non plus pour le mieux. Moi, j'avais de nouveau les pieds sur terre, mais ma femme continuait de planer. Ma notoriété grandissante, notre compte en banque très bien garni, tout cela lui faisait perdre le sens commun. Elle devenait jalouse de ma célébrité, elle dépensait sans compter, versait de l'argent à ses parents sans m'en parler. Notre couple a commencé à se ressentir de son attitude irresponsable. Heureusement, je pouvais compter sur Christian qui était, qui est encore mon alter ego. C'est lui qui me remontait le moral quand ça n'allait pas. C'est à lui et à mes enfants que je dois de ne pas avoir flanché alors que j'étais au bord du gouffre.

L'an III : 1988-89, le doublé

L'année 1989 a vraiment été une année charnière. Ma réussite sportive fut inversement proportionnelle à l'échec de ma vie privée. Plus l'OM gagnait, plus mon mariage sombrait dans des luttes sordides et des affrontements cinglants. J'avais déménagé de Cassis et nous nous étions installés à Aix-en-Provence pour essayer de sauver notre couple. Mais la vie avec Françoise me pesait de plus en plus. Non seulement elle jetait l'argent par les fenêtres et négligeait ma carrière de footballeur, mais surtout elle n'assumait plus du tout son rôle de mère qu'elle avait dévolu à sa propre mère ! Au point qu'elle avait demandé à ses parents de quitter Vichy et de venir s'installer non loin de chez nous pour être à notre disposition.

Françoise appelait sa mère pour un oui ou pour un non et lui confiait la garde de nos enfants pour vaquer à ses occupations qu'elle estimait sans doute plus urgentes. Moi, je ne partageais pas ce point de vue. Je ne trouvais pas que ma belle-mère était la baby-sitter rêvée. Elle était à plein temps chez nous, comme le troisième acteur d'un drôle de couple. Elle fouinait dans nos affaires avec un sans-gêne incroyable, me surveillait sans arrêt comme si j'avais pu commettre des fautes impardonnables, décidait de l'éducation de nos enfants sans nous consulter, ou plutôt sans me consulter. Elle était ce qu'on appelle à Marseille un « boucan », c'est-à-dire un pot de colle et une catastrophe tout à la fois.

Chaque fois que j'avais le bourdon, je venais me ressourcer chez Christian et Laurence Zéroukian. Je me sentais chez eux comme chez moi. Au point que j'avais pris l'habitude de décrocher et de répondre à leur place. C'est comme ça, par hasard, que j'ai berné l'animateur de Surprise Surprise qui croyait avoir affaire à Christian et lui proposait de me piéger. Je l'ai laissé exposer son plan avant de lui révéler ma véritable identité. J'étais aux anges : tel était pris qui croyait prendre !

Hormis quelques franches rigolades avec Christian, pendant toute cette période, mon moral était au plus bas. Heureusement, cela n'affectait pas trop mes prestations de joueur. Quand je rentre sur un terrain, je transcende mes problèmes et je n'ai plus qu'un objectif en ligne de mire : la victoire.

Oui, le foot me maintenait la tête hors de l'eau. Le foot et les objectifs que Bernard Tapie nous avait fixés en début de saison : champion ou rien. Il faut dire qu'il n'y était pas allé de main morte à l'intersaison. Il avait recruté Franck Sauzée, Gaëtan Huard, Bruno Germain, Philippe Vercruysse, Éric Di Méco qui revenait après avoir passé quelques saisons à Nancy, et Éric Cantona pour les plus illustres. Les résultats ont tout de suite été excellents, d'autant qu'un fond de jeu se mettait en place. Mais à mes yeux, le plus important était que nous réussissions à gagner tout en faisant le spectacle : au stade Vélodrome, c'était l'avalanche de buts à chaque match. Nous avons ainsi gagné les faveurs des spectateurs qui se déplaçaient en masse et nous apportaient un soutien sans faille. Incontestablement, le public marseillais est le plus chaud, le plus partial, le plus impliqué, le plus sympathique de France.

L'équipe tournait à plein rendement mais des accrocs ont quand même nui à sa performance globale. Le 1er août, l'entraîneur Gérard Banide a été « remercié », alors qu'il était un peu mon père spirituel. Nous avions joué deux matchs de championnat seulement, mais Bernard Tapie avait compris que nous partions sur les mêmes bases que l'année précédente. Il a donc tenté un coup de poker en remplaçant un Gérard par un autre Gérard, et Gili est arrivé. Le fameux déclic psychologique a eu lieu : l'équipe a aligné douze matchs sans défaites !

Une fois de plus, Bernard Tapie avait vu juste : il avait sorti de son chapeau – par un tour de passe-passe dont il a le secret – un inconnu du grand public et l'avait mis sur le devant de la scène avec beaucoup d'à-propos. Initialement, le poste aurait dû échoir à Michel Hidalgo, alors manager du club, mais par respect pour son ami Gérard Banide, il avait refusé, encourant ainsi les foudres de Bernard Tapie.

Un autre accroc a porté ombrage à l'ensemble du groupe : à cause de moi, Abedi Pelé n'a pas eu l'occasion de nous montrer l'immensité de son talent. À l'époque, on avait le droit à deux étrangers par équipe et j'ai pris position – à tort – pour les deux champions du monde allemands Karl-Heinz Förster et Klaus Allofs. En tant que capitaine, j'aurais dû rester neutre. Je le regrette encore aujourd'hui, parce que j'ai failli gâcher notre amitié. Il a donc fait un passage éclair à l'OM, est reparti à Lille et n'est revenu que deux ans plus tard avec la réussite que l'on sait.

Quant à Éric Cantona, il est passé au club en coup de vent et il est parti en claquant la porte. Tout le monde se souvient de sa sortie « cantonesque » à Sedan. Le fait est assez rare pour être raconté : Éric a été victime d'un « attentat » sous les yeux de l'arbitre sans que celui-ci ne bronche. L'action d'après, il a voulu se faire justice lui-même, comme souvent lorsque les arbitres manquent à leur tâche. Il a taclé un peu virilement un adversaire et écopé aussitôt d'un carton jaune. Cette sanction était déjà sévère en soi, mais Gili l'a accablé un peu plus en menaçant de le sortir s'il ne se ressaisissait pas. Se sentant victime d'une double injustice, Éric est sorti du terrain en jetant son maillot au visage de son entraîneur ! On lui a souvent reproché sa fierté, mais n'est-ce pas l'un des moteurs les plus sûrs pour devenir sportif de haut niveau ? Quelques jours plus tard, il a été prêté à Bordeaux qui venait de perdre Genghini sur blessure et avait obtenu une dérogation de la ligue pour se renforcer en cours de saison.

Quand Diallo s'est blessé à son tour, l'OM s'est tourné vers Bordeaux – hors de la course au titre – et lui a demandé de lui prêter Jean Tigana pour lutter à armes égales avec le PSG qui briguait lui aussi le titre suprême. La ligue a refusé, expliquant qu'un club ayant déjà bénéficié d'une dérogation pour enrôler un joueur en cours de saison ne pouvait en céder un à son tour. Les Marseillais ont accepté de mauvaise grâce ce point de règlement logique mais ultérieur au transfert de Tigana. Les rapports avec la ligue se sont dégradés quand Bordeaux a reçu l'autorisation de prêter Zoran Vujovik à Cannes ! Bernard Tapie a donc saisi le Conseil d'État pour avoir gain de cause. Entre-temps, Cannes jouait et battait l'OM avec... ce même Vujovik.

Ce genre de résolutions pour le moins contestables explique pour une grande part les tensions qui existent lors des matchs PSG-OM. Les Marseillais ressentent comme une injustice toute décision venant de la ligue parce que, étant basée à Paris, elle est assimilée à l'ennemi. Comme on vient de le constater, ils n'ont pas toujours tort.

Un exemple plus récent illustre l'inégalité de traitement des clubs devant la ligue : cette année,

Johan Micoud a été suspendu quatre matchs pour avoir insulté un arbitre – un des seuls à être sanctionné pour une agression verbale – et Paul Le Guen a pris lui aussi quatre matchs alors qu'il avait cassé une jambe à Coridon après un tacle par-derrière. Il y a souvent deux poids deux mesures.

Dans le conflit qui oppose l'OM et le PSG, il ne faut pas oublier que la rivalité entre les deux villes est historique. Paris symbolise le centralisme et l'ordre, Marseille mène la fronde des provinces contre un pouvoir autocratique. Cela explique que les matchs entre la capitale et la cité phocéenne se jouent dans un contexte particulier. Le point culminant a été atteint après l'affaire OM-VA stigmatisée par la ligue. Mais je n'étais déjà plus à Marseille. Dans mon souvenir, les chocs OM-PSG étaient très disputés, mais aucun d'entre nous ne manifestait à proprement parler de l'animosité envers les joueurs parisiens. Nous rentrions sur le terrain gonflés à bloc parce que nous répercutions la pression que toute la ville et les médias avait mise sur nous. D'ailleurs, je crois bien que les Marseille-Bordeaux et surtout les derbys Marseille-Toulon étaient beaucoup plus « chauds ».

Malgré tous ces avatars, nous avons réussi le doublé coupe-championnat pour la deuxième fois dans l'histoire du club. L'OM s'est assuré le titre de champion l'avant-dernière journée en battant Auxerre 2-1 tandis que PSG devait se contenter d'un match nul à Lens. J'ai marqué les deux buts dans une ambiance de folie. Nous avons fêté le premier titre depuis 1971 sur le port de Cassis, au Big Ben. Les supporters dansaient dans les fontaines, les voitures klaxonnaient sans discontinuer, les joueurs étaient jetés dans le port. La ville entière avait quelque chose de Rio, lors du carnaval.

L'apothéose de la saison a eu lieu le 10 juin 1989, en finale de la coupe de France, contre Monaco. Toutes les tribunes du parc des Princes étaient aux couleurs de l'OM : bleu et blanc. Le match a tenu toutes ses promesses. Nous avons gagné 4-3 et j'ai réussi trois buts magnifiques. J'ai simplement eu le malheur de rater un penalty, sans quoi je battais le record de buts marqués dans une finale de coupe de France (détenu par Éric Pécout et moi-même). Nous avons fait un tour d'honneur qui a embrasé le Parc et je suis allé chercher moi-même la coupe de France des mains de M. François Mitterrand. J'en ai profité pour lui faire la bise comme je l'avais promis à des amis avant le match.

Dans les vestiaires, c'était l'hystérie : on s'est congratulés, on s'est arrosés de champagne et on a mis Tapie sous la douche. Le retour à Marseille a été épique : quarante mille personnes sont venues nous acclamer dans le stade. À la fin de la soirée, j'ai mis la coupe à l'arrière de ma voiture décapotée pour dormir avec elle, mais Tapie m'a rattrapé au dernier moment et m'a obligé à remettre la capote : « Tu vas te la faire voler à un feu rouge », s'est-il écrié non sans un certain bon sens. Je n'ai pas fermé l'œil de la nuit.

Il faut dire qu'après les matchs, j'éprouve des difficultés à m'endormir. Cela ne m'est pas propre, c'est le lot de tous les sportifs de haut niveau qui ont emmagasiné du stress avant la compétition. La fatigue, s'ajoutant aux nerfs en pelote, rend le sommeil difficile. Quand je me couche le soir, je revois le déroulement du match, je me repasse les actions dangereuses au ralenti, je tourne longtemps dans mon lit avant de trouver le sommeil.

Si je suis très critique à mon sujet, je n'en veux jamais à un joueur particulier d'avoir raté son match – en public comme en privé. Pour avoir été « creux » bien des fois, je préfère ne pas jeter la picrrc à l'un ou à l'autre de mes partenaires et juger la prestation globale de l'équipe.

Le reste de la semaine, je dors huit à dix heures par nuit – en m'aidant parfois de quelques somnifères. J'ai une hygiène de vie très élaborée : je ne mange pas de viande rouge sauf éventuellement le jour du match, je bois quatre à cinq litres d'eau minérale par jour, je ne fais pas de sieste mais je m'oxygène lors de longues promenades en forêt avec mes chiens. J'ai toujours aimé les chiens : mon pointer Ulla, mon retriever Yacky, mon montagne des pyrénées Beauté, mon terre-neuve Février m'ont toujours accompagné dans ma vie. J'ai même gardé mon setter Vicky presque toute ma carrière : quatorze ans ! Aujourd'hui, j'ai un petit cocker prénommé Marco – comme Simone ou Van Basten...

J'aime aussi jardiner : j'ai un potager à Aix-en-Provence dans lequel j'adore bêcher, semer, planter, désherber, et bien sûr manger ma production de tomates, poireaux, oignons, menthe, poivrons... Le travail de la terre est un retour aux sources au même titre que les promenades dans les pinèdes ou dans les dunes entre Le Pilat et Biscarosse.

Le jour du match est un jour particulier. En voici le déroulement habituel pour un joueur professionnel : il se lève vers neuf heures, va s'aérer après avoir pris son petit déjeuner et assiste à une première réunion d'avant-match. Son déjeuner est composé essentiellement de sucres lents – purées, pâtes ou riz ensuite – mais aussi crudités en entrée, viande ou poisson. Après quoi, il joue aux cartes avec ses partenaires, fait une sieste d'une heure et demie environ puis se rend à la collation de dix-huit heures où il mange du pain grillé, du gâteau de riz, des tranches de jambon tout en buvant du café ou du thé. Il assiste ensuite à la causerie d'avant-match qui permet au coach de mobiliser ses joueurs. L'entrée dans les vestiaires a lieu une heure avant le match. Il ne lui reste plus qu'à se mettre en tenue et à s'échauffer sous les acclamations ou les quolibets des premiers spectateurs.

Moi, j'ai mes petites habitudes. La veille du match, je me couche très tard parce que je n'arrive pas à dormir. Le plus souvent, je regarde un film sur Canal Plus ou une des trois cassettes que j'ai prises avec moi – j'ai plus de quatre mille longs métrages dans ma vidéothèque ! Mais il m'est aussi arrivé d'aller faire un tennis pour me vider nerveusement et pouvoir trouver le sommeil, ce qui est bien sûr fortement déconseillé par le kinésithérapeute et surtout par l'entraîneur. Je visionne le deuxième film entre neuf et onze heures du matin et le troisième en lieu et place de la sieste : contrairement à la plupart des footballeurs professionnels, je suis incapable de dormir avant un match.

Mon film préféré est peut-être *Le Champion* qui traite du problème des parents divorcés. Plus récemment, j'ai beaucoup aimé *Stargate* et *Le Cinquième Élément*, mais c'est *Philadelphia* qui m'a le plus marqué. Le sida me fait très peur. Je connais des personnes séropositives et je me sens très concerné par le problème. Je fais ce qui est en mon pouvoir pour les aider : je considère qu'il est de notre devoir, nous qui sommes célèbres, de défendre certaines causes pour mobiliser l'opinion publique.

Je ne suis pas un homme public dégagé, comme se décrivait Pierre Desproges. Je m'engage dans d'autres combats que les matchs de football – des combats plus nobles. Outre Neuf de Cœur et les associations de lutte contre le sida, je me suis aussi investi dans l'association Petit Prince qui permet à des enfants malades de passer une journée avec des stars. J'ai notamment souvenir d'un petit garçon qui avait une leucémie très avancée et dont le courage m'a beaucoup impressionné.

L'après-midi du match, il n'est pas rare non plus que je me passe une cassette de tous les buts que j'ai marqués. Je puise dans ces images une force et une motivation déterminantes. J'écoute aussi la chanson intitulée *Quand je joue* de Julien Clerc. Il suffit de remplacer le mot « musicien » par celui de « footballeur » pour comprendre les sensations que peut connaître un joueur sur un terrain. Tout comme la cassette de mes buts, cette chanson me sert de stimulant. Mais j'écoute aussi bien toutes sortes de musiques : rock, techno, reggae, classique, disco. Certains morceaux sont associés à des moments privilégiés de ma vie. Il y a *Jump* de Van Halen que les haut-parleurs du stade faisaient retentir quand nous entrions sur la pelouse du Vélodrome et *One more night* de Phil Collins qui est sorti au moment où j'ai rencontré Florence. Quand j'ai un petit coup de déprime, je n'hésite pas à me les repasser. Je regarde aussi *Les Bronzés*, *Le Père Noël est une ordure* ou la série des gendarmes pour me redonner du tonus.

Une fois dans les vestiaires, je ne sacrifie à aucun rituel particulier. Je l'ai déjà dit, je suis beaucoup moins superstitieux que la plupart des sportifs de haut niveau. Depuis mon séjour à Munich, j'ai simplement une chaîne que je garde en permanence pour me protéger d'un éventuel envoûtement – j'ai du mal à croire que mes blessures consécutives en Allemagne aient été une pure coïncidence. Je n'aime pas non plus perdre avant un match. Qu'il s'agisse d'une partie de tarot ou d'un jeu idiot tel que faire tenir une boulette de papier sur un lustre, je dois gagner, faute de quoi je considère ma défaite comme un mauvais présage et je n'aborde pas le match dans de bonnes conditions. Une victoire tient à peu de choses...

Pendant l'échauffement, je suis vraiment dans le match. Christian se souvient m'avoir vu avant le fameux France-Bulgarie que nous avons perdu au parc des Princes. Il était le long de la touche et me faisait de grands signes de la main. Je suis passé quinze fois devant lui sans le voir, tant j'étais concentré.

Pour la deuxième année consécutive à l'OM, j'ai fini meilleur buteur du championnat avec vingt-deux buts et j'ai reçu le fameux trophée qui représente une ébauche de footballeur tapant dans un ballon. J'ai bien sûr du mérite à avoir marqué autant de fois, mais je dois reconnaître que les options tactiques décidées par mes entraîneurs et surtout par Bernard Tapie me facilitaient la tâche. Les consignes étaient simples : toute l'équipe devait jouer pour moi ! J'étais l'attaquant de pointe, l'homme libre qui bougeait sur tout le front de l'attaque, le buteur patenté. Certains de mes partenaires se dédiaient entièrement au travail défensif, d'autres avaient pour mission de me pourvoir en bons ballons.

Cette tactique a prévalu pendant les cinq dernières années passées à l'OM. Avec le recul, elle ne me choque toujours pas. Les grandes équipes ont toujours eu de grands avant-centres autour desquels s'articulaient des joueurs de devoir et des passeurs. Il ne faut pas perdre de vue que l'objectif en football est et demeure de marquer si l'on veut gagner. J'étais programmé pour ça.

Ma notoriété a commencé à attirer dans mon sillage des affairistes de toutes sortes. Ils ont essayé de vendre mon nom, m'ont proposé des projets tous plus « bidons » les uns que les autres. Je suis tombé dans le panneau avec quelqu'un qui se disait mon ami et qui a monté une société commerciale avec une enseigne intitulée JPP International. Je n'ai jamais vu la couleur de l'argent, parce que tous les bénéfices allaient sur son compte personnel. Mais dès je me suis aperçu de la supercherie, je l'ai traîné devant les tribunaux et j'ai gagné. Mon problème, à l'époque, était que je me liais un trop facilement d'amitié. Tous ces événements m'ont endurci. Aujourd'hui, je suis plus méfiant.

L'an IV : 1989-90, la rencontre

Françoise et moi étions à couteaux tirés. La naissance de Méryl n'avait fait que différer notre séparation, mais la réalité était là, indiscutable, inévitable : nous n'étions plus faits l'un pour l'autre. Et puis, nos dissensions étaient attisées par ma belle-mère. Elle était omniprésente, pour ne pas dire omnipotente. Au point d'oser se dresser entre mes enfants et moi. Je me souviens d'une anecdote terrible qui nous a aiguillés sur des voies qui ne se croiseront plus jamais – et je m'en félicite.

Un matin où je rentre d'un stage avec l'équipe de France, Françoise est absente. C'est ma belle-mère qui garde mes enfants. Je propose de les habiller et de les emmener se promener dans le parc, mais elle s'y oppose violemment. Elle menace même d'appeler la police si je pars avec Christopher et Méryl. Incroyable ! Elle est chez moi, dans ma maison, et elle se permet de m'interdire de voir mes propres enfants ! Fou furieux, je la prends par le col et je la hisse sur le réfrigérateur. Puis je la regarde dans les yeux et je lui dis : « Cette fois, je vais vous emplâtrer pour de bon ! »

Je suis blanc comme un linge. À mes yeux révulsés et à mon ton de voix, elle comprends que je ne plaisante pas. Elle part de chez nous et ne remet plus jamais les pieds à Aix-en-Provence.

Mais il était trop tard, le mal était fait. Françoise et moi, nous nous sommes séparés de corps le 5 novembre 1989, jour de mon anniversaire, où elle avait pourtant sorti le grand jeu. Elle avait réservé un petit château, s'était offert une robe de grand couturier et avait invité tous nos amis, mais c'était pour mieux tirer la couverture à elle et essayer de m'humilier devant tous mes proches. Ce soir-là, de mauvaises pensées m'ont traversé l'esprit. J'étais à bout de nerfs. J'ai demandé à Christian de me prêter sa voiture, mais il a insisté pour ne pas me laisser partir seul. Nous avons fini dans un bar sordide d'Aix-en-Provence d'où j'ai appelé Bernard Tapie pour prendre conseil : il était le seul, avec Christian, à connaître la situation de notre couple. Le tenancier du bar n'en revenait pas ! Au petit matin, j'ai pris la décision d'habiter seul Aix-en-Provence et d'installer Françoise à Cassis, dans notre première villa.

Nous avons divorcé très vite, à l'amiable, dans le courant de l'année suivante. On peut presque dire que j'ai divorcé de ma belle-mère et que je me suis remarié avec l'OM. Car à cette époque, le club était devenu ma maîtresse. Je lui consacrais tout mon temps, toute mon énergie, toute ma volonté. C'est lui qui m'a empêché de sombrer – ainsi que Di Méco ! Éric a joué un rôle prépondérant durant cette période noire : il passait tous ses dimanches avec moi, me changeait les idées en me promenant sur la côte ; il veillait à me laisser le moins souvent seul parce que j'avais le sentiment que tout, autour de moi, s'écroulait avec une force inexorable et une vitesse incroyable.

Tapie aussi a essayé de recoller les morceaux de notre couple en nous offrant des vacances de sports d'hiver et en faisant garder nos enfants par une baby-sitter. Mais son rôle de médiateur a échoué, car Françoise n'était pas, n'était plus la femme dont j'avais besoin, celle qui aurait dû être à mes côtés pour me soutenir avant les matchs et aux côtés des enfants pour parfaire leur éducation et les aimer.

Je l'ai déjà dit, ma vie est pleine de coïncidences heureuses. J'étais comme un bateau ivre, dont les amarres les plus solides, celles qui me rattachaient à la vie, se seraient rompues et je dérivais en haute mer en attendant de m'échouer sur une terre inféconde ou sur un îlot de rêve. Et je me suis posé sur la terre la plus accueillante qui soit : Florence ! J'ai fait sa rencontre dans l'avion qui me ramenait des Seychelles. Christopher et moi, nous avions décidé de passer le réveillon au soleil en compagnie de Stéphane, le fils de Bernard Tapie, et de sa copine d'alors. Mais nous avions dû changer trois fois de destination avant d'opter pour les Seychelles : ni le *Phocéa* (resté bloqué à Djibouti), ni Tahiti (le Club Med plein à craquer), ni Maurice (plus de places sur les avions) n'avaient pu nous donner satisfaction. Poussés par une main invisible – la main du destin – nous étions partis à Praslin.

Dans cette île enchanteresse, le séjour s'est déroulé à merveille : Christopher a trouvé un copain de son âge prénommé Antoine. Et tout naturellement, j'ai sympathisé avec son père, Jacques Juillard, devenu un ami très cher depuis. Tous les deux, nous avons passé notre semaine à faire du VTT dans l'île, à pêcher des bonites et à « rater » des marlins. Un tournoi de foot à six était organisé à Praslin, j'ai décidé que nous y participerions. Nous avons inscrit une équipe faite de bric et de broc et

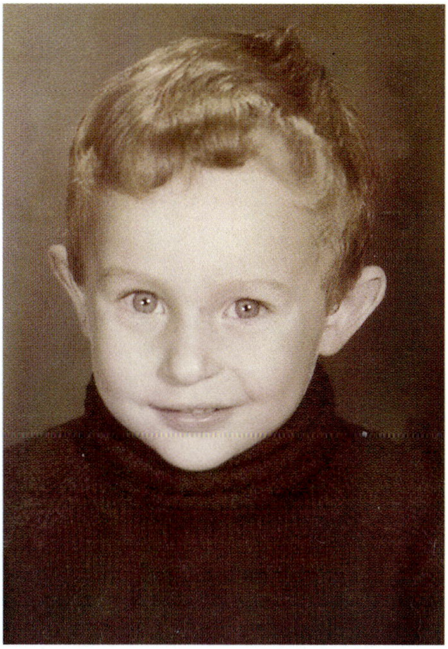

Jean-Pierre en 1967, à cinq ans.

En 1968, à six ans.

En 1968, sur les bancs de l'école.

1981. Première équipe de Papin : l'équipe junior de Valenciennes. Tournoi à Vieux-Condé.

1983. Équipe de l'INF. À droite de Jean-Pierre Papin, Didier Tholot.

À dix-sept ans,
à l'Institut national
du football, Vichy.

À vingt ans, en Belgique.

1990. Florence et Jean-Pierre au moment de leur rencontre.

10 septembre 1990. Mariage à Aix-en-Provence.

Juin 1991. Florence, Jean-Pierre et Émily à cinq mois.

Été 1990. Avec Fahrenheit, son chien terre-neuve.

1991. Jean-Pierre chez lui à Aix-en-Provence.

1989. François Mitterrand congratule Jean-Pierre Papin lors de sa victoire en coupe de France.

À « Nulle part ailleurs » avec la marionnette de Bernard Tapie.

1991. Sur le Phocéa *avec Christian (à droite) et les membres de l'équipage.*

Avril 1991. « Sacrée soirée » : Jean-Pierre Papin, Patrick Bruel et Jean-Pierre Foucault, juste avant la finale de la coupe d'Europe des clubs champions à Bari.

nous avons gagné devant tous les insulaires médusés. Même quand je suis en vacances, je me donne à fond dans tout ce que je fais...

Nous avons réveillonné dans un endroit assez guindé qui s'appelle le Château de feuille et où l'accès aux enfants était interdit ! Après avoir insisté auprès de la direction, j'ai fini par avoir gain de cause : Christopher, Charlotte et Antoine ont pu venir avec nous. Et à minuit, alors que l'ambiance était pour le moins crispée, nous avons déballé nos cotillons. Aussitôt, les invités se sont détendus et la soirée a battu son plein. Je n'aime pas les réunions mondaines ni les repas où l'on met les petits plats dans les grands. Malgré tous les honneurs auxquels j'ai eu droit, je suis resté quelqu'un de simple.

Au bout de dix jours, je n'étais guère pressé de rentrer en France, mais la date de notre retour était immuable. Jacques nous a emmenés à l'aéroport et m'a glissé à l'oreille – sous forme de boutade – que j'allais rencontrer la femme de ma vie le jour même. Bien sûr, je n'en ai pas cru un mot. Je suis monté dans l'avion et j'ai aperçu une hôtesse qui se disputait avec un passager. Je me suis dit que le voyage s'annonçait mal et je me suis assis près de la sortie de secours, là où je pouvais étendre mes jambes.

Au décollage, l'hôtesse qui avait été si peu

aimable avec l'un des passagers est venue s'asseoir en face de nous comme l'exigent les consignes de vol. J'ai pris mon journal et me suis embusqué derrière pour lui montrer que je ne voulais être dérangé sous aucun prétexte : je flottais encore dans les vapeurs de sel, de soleil et de rhum. Au bout de quelques minutes, j'ai entendu des petits rires étouffés. J'ai baissé mon journal : Christopher s'amusait avec l'hôtesse. Elle a croisé mon regard et m'a adressé un large sourire : « Oh ! Qu'est-ce qu'il est mignon, votre petit garçon ! »

Je ne sais pas ce qui m'a pris. Je l'ai regardé fixement et je lui ai dit de but en blanc : « Écoutez, nous sommes deux et nous sommes tous les deux à prendre. »

Elle a froncé les sourcils en pensant qu'elle avait affaire à un fou. Puis elle s'est levée et a rejoint les autres membres d'équipage à l'arrière de l'avion. Aussitôt, tous les stewards se sont précipités vers elle et lui ont dévoilé mon identité. Elle a roulé de grands yeux étonnés : elle ne savait pas qui j'étais ! Elle n'avait même jamais entendu prononcer mon nom ! À peine savait-elle ce qu'était le foot !

Après avoir distribué les plateaux repas, elle est revenue prendre sa place près de la sortie de secours et la conversation a repris. On a parlé à bâtons rompus pendant six ou sept heures, comme si on se connaissait depuis longtemps. Mais à Djeddah, elle est descendue à l'escale et nous a abandonnés à notre sort. Nous avons échangé nos numéros de téléphone – à tout hasard – et nous nous sommes envolés chacun dans notre direction, pensant ne jamais nous revoir.

De retour à Marseille, j'ai regardé mon horoscope – ce que je ne fais pratiquement jamais – et j'ai lu que les personnes nées sous le signe du Scorpion avaient fait une rencontre importante dans leur vie et que l'année 1990 s'annonçait sous les meilleurs auspices possibles pour elles. Un peu intrigué, j'ai décidé d'appeler la femme qui avait écrit cet horoscope. Elle m'a demandé plein d'informations pour faire mon thème astral et m'a donné rendez-vous le lendemain. J'y suis allé avec Christopher et Méryl. En nous voyant entrer, elle n'a pas fait dans la dentelle : « Vous avez deux enfants ?

– Oui.

– Eh bien, vous en aurez un troisième avant la fin de l'année. »

J'ai failli partir sur-le-champ. J'étais en pleine procédure de divorce et cette femme qui ne connaissait rien de moi se permettait d'énoncer des contre-vérités ! Finalement, je suis resté. Stupéfaction ! La voyante savait tout de moi – ce qui n'était pas trop difficile compte tenu de ma notoriété – mais elle était capable de me raconter mes vacances et surtout de me décrire Florence avec une précision inouïe. Un seul problème subsistait : les cheveux ! Si leur blondeur ne faisait pas de doute, elle les voyait longs alors qu'ils étaient courts. Puis elle m'a dessiné les contours de sa personnalité avec des détails que j'ignorais, mais qui semblaient vraisemblables étant donné ce que j'avais entrevu d'elle.

En rentrant chez moi, à Aix-en-Provence, je me suis précipité sur mon téléphone pour l'appeler : sans résultat. J'ai même demandé à Christian – dont la belle-sœur travaille à Air France – dans quel hôtel le personnel navigant était hébergé à Djeddah... Le lendemain, je suis parti en stage avec l'OM au Sauze, une station dans les Alpes de Haute-Provence, mais cela ne m'a pas empêché d'essayer de la joindre tous les jours. Et puis un matin, vers huit heures, elle a décroché. On a parlé deux heures. Tout ce que m'avait dit la voyante à son propos était vrai ! Je lui disais des choses sur elle que je n'étais pas censé savoir, notamment qu'elle vivait aussi une période difficile. Florence tombait des nues. Et moi, je tombais amoureux.

On a décidé de se revoir à Paris après le stage. Quand je suis arrivé chez elle, j'avais le cœur battant. J'ai frappé deux petits coups timides. Une femme aux cheveux longs est venue m'ouvrir. Je n'en croyais pas mes yeux : c'était Florence ! J'ai compris ma méprise par la suite : dans l'avion, son chignon dissimulait sa chevelure. J'étais estomaqué et heureux à la fois qu'elle soit la femme décrite par la voyante, mais rien n'était encore possible : je n'étais pas divorcé, encore moins remarié, et je ne connaissais Florence que par voyante interposée ! Pourtant, nous sommes sortis ensemble dès le premier jour.

Entre nous, tout allait de soi. Je baignais dans une euphorie délicieuse que rien, pas même son prochain départ au bout du monde, ne pouvait altérer. Puis je suis reparti à Marseille le cœur léger. Quand je voulais reprendre des forces, j'appelais le répondeur de Florence pour écouter le son de sa voix.

Juste après, il y a eu la tournée au Koweït avec l'équipe de France. Je n'avais vraiment aucune envie de m'éloigner de Florence plus d'une semaine. De surcroît, je m'étais fait contrer lors d'un tournoi en salle et j'avais une petite entorse au cou de pied qui m'empêchait de mettre une chaussure. J'ai attendu la veille du départ pour appeler Platini et déclarer forfait, mais il m'a demandé de venir à l'aéroport – sans doute pour se rendre compte lui-même de l'état de mon pied. Vers minuit, j'ai dû aller chercher en hâte une paire de béquilles dans la pharmacie de Christian et rouler jusqu'à Roissy toute la nuit pour prouver que j'étais effectivement blessé !

Pour finir, Platini m'a fait embarquer avec les autres malgré moi et j'ai effectivement joué deux matchs avant de me casser le nez. Moralité : j'ai quand même fini par rentrer avant tout le monde... Si je raconte aujourd'hui cette anecdote qui n'est pas à mon avantage, c'est pour montrer à quel point j'étais amoureux de Florence. J'étais prêt à lui sacrifier une tournée de l'équipe de France !

Un mois après l'avoir rencontrée à Paris, je lui ai proposé de m'accompagner à Aix-en-Provence. Comme elle disposait d'une quinzaine de jours de vacances, elle a accepté. Elle est y restée trois ans ! Dès notre première rencontre, j'ai su qu'elle était la femme de ma vie. À peine est-elle arrivée à Aix-en-Provence que je l'ai emmenée choisir les meubles pour la maison. Elle a pris un peu peur quand le vendeur lui a demandé la couleur des rideaux et des papiers peints : elle ne connaissait pas la réponse ! Pourtant, la suite m'a donné raison. Florence est tombée enceinte au mois de mars, j'ai divorcé au moins de juin et me suis remarié avec elle en septembre. Émily est née le 5 décembre 1990.

Tout ce que m'avait annoncé la voyante s'est réalisé avec une précision troublante ! Je ne suis jamais retourné chez elle : ses visions si clairvoyantes de l'avenir m'avaient un peu effrayé.

Avec le recul, je frémis en pensant que Florence

habitait Vichy en même temps que moi. Elle avait les mêmes initiales que ma première femme : F.B. Elles allaient toutes les deux à la même école. À croire que je me suis trompé de chemin le jour où j'ai fait la connaissance de Françoise. Je n'ai pas pris le bon embranchement à l'un des nombreux carrefours de la vie. Si je n'avais pas eu cet accident de voiture, qui sait si je ne n'aurais pas rencontré la bonne F.B. du premier coup ?

La rencontre avec Florence a eu des répercussions favorables sur mes prestations en match, même si ma volonté de gagner ne m'a jamais réellement quitté. Au plus fort de ma crise avec Françoise, j'ai continué de jouer et de marquer avec le même bonheur. J'ai même réussi mon premier quadruplé le 30 août 1989 contre Sochaux et un triplé contre Toulouse début décembre. Je voulais me prouver que je pouvais devenir le meilleur chasseur de but de France dans un environnement défavorable. J'y suis parvenu, mais avec les tripes. Quand Florence est venue assister à tous mes matchs, j'ai puisé dans sa présence une source de motivation supplémentaire – j'ai notamment marqué deux triplés coup sur coup le 17 et le 31 mars 1990.

Avant chaque début de rencontre, je faisais un petit signe de la main à l'emplacement où Florence était supposée être. Je jouais avec son foulard en soie noir et blanc comme brassard – il est maintenant dans le musée de l'OM. Florence avait, a encore ceci d'extraordinaire qu'elle partage tout avec moi : les bons moments comme les incertitudes et les échecs. Elle dit volontiers qu'elle a épousé l'homme et non la star, Jean-Pierre et non Papin.

Cette année-là, j'ai participé à l'émission de Michel Denisot « Mon zénith à moi » où j'ai annoncé en direct que j'allais divorcer. Ce long passage télé m'a permis de changer mon image en montrant non plus seulement le footballeur, mais l'homme.

Tout allait donc très bien dans le meilleur des mondes, si ce n'est que je ne voyais presque plus Christopher et Méryl. Au début de la procédure de divorce, j'avais gardé mon fils avec moi, mais il se languissait de sa petite sœur et je l'avais confié à sa mère. Depuis, j'allais les chercher un week-end sur deux à Montpellier, mais leur absence toute la semaine était un véritable crève-cœur pour moi. On ne dira jamais assez combien les juges sont injustes avec les pères lors d'un divorce. Ils campent sur des positions rétrogrades qui font de la femme la mère nourricière et de l'homme l'éternel absent en voyage d'affaires. Ce modèle est dépassé ! J'ai certainement plus changé de couches-culottes et donné de biberons que mon ex-femme.

Sur le plan sportif, j'ai effectué ma saison la plus remarquable. J'ai marqué huit buts en coupe d'Europe, huit en équipe de France et trente en championnat, exploit qui m'a permis de remporter le soulier d'or pour la troisième année consécutive. Mais c'est toute l'équipe qui a fait feu de tout bois en marquant soixante-quinze buts en trente-huit matchs de championnat, grâce, il est vrai, à une assise défensive de très haute tenue ! Et à Tapie qui s'était donné les moyens de hisser l'équipe au plus haut niveau mondial. Que l'on en juge plutôt : étaient arrivés à l'intersaison rien moins que Jean Tigana (enfin !), Chris Waddle, Enzo Francescoli, Carlos Mozer, Jean Castaneda, Alain Roche, Carmelo Micciche et Didier Deschamps. Et encore avait-on failli assister à la venue de Maradona en personne pour cent millions de francs !

Toutes ces recrues compensaient aisément le prêt d'Éric Cantona à Montpellier et les départs de Klaus Allofs, Frédéric Meyrieux et Yvon Le Roux pour ne citer que les plus connus. Avec une équipe de si grande valeur, nous avons été sacrés champions de France à l'avant-dernière journée du championnat, mais nous nous sommes fait surprendre lors de la dernière journée contre Lyon – première défaite à domicile de l'année à cause d'un excellent Omar Kabongo.

En coupe de France, il nous est arrivé la même

mésaventure alors que tout le monde nous donnait grandissime favori contre le Racing Club de Paris que nous jouions en demi-finale au Vélodrome. Carlos Mozer et Enzo Francescoli ont été laissés à la disposition de leur équipe nationale, Pascal Olmeta a sorti un match exceptionnel et nous avons perdu l'occasion de réussir le deuxième doublé de suite, à mon grand désespoir.

Après chaque match, nous allions manger ensemble au restaurant du club, le Maracana. L'ambiance dans l'équipe était au beau fixe et le football que nous jouions s'en ressentait favorablement. Je suis de ceux qui pensent que la complicité hors du terrain a une incidence très importante sur la qualité du jeu. Je m'entendais avec tous les joueurs, mais j'avais des affinités tout particulièrement avec Chris Waddle qui avait logé chez moi pendant six semaines avant de se trouver une maison. La raison en était assez simple : j'étais le seul à parler anglais et je considérais que c'était mon rôle de capitaine de faciliter l'intégration des joueurs.

Je me suis aussi beaucoup occupé de Trevor Steven l'année suivante, comme de presque tous les étrangers qui ont défilé à Marseille. Depuis Bruges, je savais que s'expatrier constitue une expérience difficile... Ses mains tendues ne m'ont laissé que de bons souvenirs. Pourrais-je jamais oublier les crises de fous rires lors des parties de Pictionnary avec Enzo Francescoli et Chris Waddle ? Ils devinaient le mot mimé mais, l'ignorant en français, faisaient des efforts désespérés pour le traduire.

Une fois que Chris a été en confiance et au top physiquement, il a été un enfer pour chaque adversaire. C'est l'un des joueurs les plus doués et les plus serviables que j'ai jamais rencontrés. Il avait quelque chose de plus que les autres et que je n'ai retrouvé que chez Éric Cantona : la fantaisie. Et il avait compris ce qu'Alain Giresse et Klaus Allofs avaient compris avant lui : si l'on me glissait le ballon dans le trou, légèrement sur le côté droit, c'était le but assuré neuf fois sur dix. Dans les autres clubs, j'ai longtemps cherché ce passeur génial, ce demi-frère qui me mettrait sur une rampe de lancement côté droit, mais je ne l'ai jamais vraiment rencontré. À peine Ibrahim Ba, grâce à ses déboulés le long de la touche, et Johan Micoud, grâce à sa vista, ont-ils trouvé en fin de saison dernière comment il fallait me mettre sur orbite à Bordeaux.

Si Chris Waddle remporte la palme technique avec deux ou trois autres comme Dragan Stojkovic ou Michel Platini, c'est Maldini, à mon sens, qui m'a le plus impressionné sur le plan physique.

On me demande souvent quelle a été la meilleure équipe de Marseille toutes périodes confondues. Je n'ai pas connu les anciennes gloires du club, mais je peux répondre en dressant une équipe-type avec les joueurs qui ont été mes partenaires.

Olmeta ou Huard

Di Méco — Mozer — Amoros
Boli

Deschamps — Sauzée

Francescoli ou Abedi Pelé — Waddle

Papin — Allofs ou Cantona

Dans le même ordre d'idée, je me suis souvent demandé quelle serait la meilleure équipe de tous les temps. Après bien des hésitations, voici celle que je propose (avec un « banc » de rêve) :

Gordon Banks

Gentile — Beckenbauer — Maldini
Scirea

Tigana — Rijkaard

Platini — Maradona

Pelé — Van Basten

Remplaçants : Cruijff et Ronaldo !

La coupe d'Europe nous a réservé de grandes émotions et une déception à la mesure de l'espoir qui naissait au fil des tours passés. Nous avons d'abord rencontré les Danois de Brondby que nous avons éliminés sur les scores de 3-0 et 1-1 (deux buts de plus à mon compteur), puis les Grecs de l'AEK Athènes qui ont presque subi le même sort : 2-0 et 1-1 (j'ai encore frappé deux fois).

Le match en Grèce me laisse un souvenir déplorable. En arrivant au stade une heure et demie avant le coup d'envoi, nous avons été pris à partie par des supporters qui passaient leur index sur leur gorge en nous insultant. Impossible de sortir du bus sans se faire étriper. C'est une des rares fois de ma vie où j'ai eu peur avant un match. Nous avons rejoint les vestiaires sous escorte un quart d'heure avant le début de la rencontre, ce qui n'est vraiment pas l'idéal pour se préparer physiquement et psychologiquement. Par bonheur, le délégué de l'UEFA qui était avec nous dans le bus a fait un rapport impitoyable : trois ans de suspension pour l'AEK Athènes.

Le tirage nous a ensuite désigné le CSKA Sofia qui s'annonçait comme un adversaire coriace avec notamment Stoïchkov dans ses rangs, mais Bernard Tapie a su nous remonter les bretelles comme il fallait après une lourde défaite en championnat 3-0 subie face à nos adversaires de toujours, les Girondins de Bordeaux dirigés par un certain Raymond Goethals. À Sofia, nous avons mis un pied en demi-finale en allant gagner 1-0 dans une ville qui réussit très mal au football français.

Le retour a été une formalité puisque nous l'avons emporté 3-1. Malheureusement, Gaétan Huard s'est cassé la jambe. Cela a eu deux conséquences : une tragique – il ne reviendra plus jamais à son meilleur niveau – et une cocasse – c'est moi qui ait fini la partie dans les buts. Même si j'ai assez vite préféré marquer des buts plutôt que d'en prendre, j'ai toujours conservé un vif plaisir à jouer dans les buts. J'aime bloquer la balle, me détendre, plonger dans l'herbe grasse. C'est un plaisir juvénile que je ne me refuse jamais.

Eu égard à nos performances européennes et à la qualité de notre jeu, nous n'aurions dû faire qu'une bouchée du Benfica d'Eriksson qui comptait quand même des joueurs du calibre des trois internationaux brésiliens Aldaïr, Ricardo et Valdo ou du Suédois Thern. Mais la main de Vata, la main de Dieu pour les journalistes, la main du diable à mon sens, en a décidé autrement. À l'aller, nous avons réalisé l'un de nos plus beaux matchs au Vélodrome avec une deuxième mi-temps où nous avons été irrésistibles. Cependant, il y a toujours eu une jambe, un poteau ou une barre pour repousser nos tentatives. Nous avons quand même gagné 2-1, mais le score logique aurait dû être au minimum de 7-2.

C'est à Marseille que nous perdons notre qualification pour la finale. La péripétie du retour avec l'attaquant portugais qui marque de la main à sept minutes de la fin devient presque anecdotique, même si nous avons toujours cu la partic bien en main, si j'ose dire ! Vata est devenu très célèbre grâce un acte d'antijeu avéré, mais ce que je lui reproche le plus, c'est de n'avoir jamais avoué qu'il avait triché alors même que la vidéo le prouvait.

Quant à Bernard Tapie, il a toujours pensé que l'arbitre de touche avait délibérément « fermé les yeux » sur la main. J'ai tendance à croire qu'il a raison. Quand on regarde les images au ralenti, un plan montre l'arbitre de touche dans l'axe de Vata : impossible qu'il n'ait pas vu cette faute qui, aujourd'hui, lui vaudrait un carton rouge, et nous vaudrait une place en finale.

J'ai toujours regretté qu'il n'y ait pas d'arbitres professionnels. Sans doute se feraient-ils davantage respecter – bon nombre d'entre eux se font encore insulter par les joueurs sans réagir. Sans doute enfin se laisseraient-ils moins abuser par les tricheries sur le terrain. Je considère que l'arbitrage n'a pas progressé durant toutes ces années, alors que le jeu est devenu plus rapide, plus physique, et les joueurs plus vicieux. Chaque weekend, on voit des aberrations d'arbitrage pour des penalties imaginaires ou des hors-jeu qui n'en sont pas.

Il est vrai qu'un seul homme ne peut pas tout voir sur le terrain, fût-il M. Wurtz que je tiens pour le meilleur arbitre que j'ai connu parce qu'il essayait, lui, de comprendre les joueurs. Je pense que deux arbitres de champ ne seraient pas de trop. Mais je suis contre la mise en place de la vidéo, pendant le match, comme beaucoup le préconise.

Les intérêts en jeu dans le football sont tels qu'ils ne nous permettent plus d'accepter de grossières erreurs d'arbitrage. Combien de buts effectivement marqués et refusés ? À l'inverse, combien de buts refusés sur hors-jeu et qui auraient dû être validés ? J'ai aussi en tête la main de Vata ou celle de Maradona contre l'Angleterre en coupe du monde. L'histoire du football est entachée de toutes ces erreurs qui ont deux conséquences : créer des tensions sur le terrain et dans les tribunes – avec les dérapages que l'on connaît – et inciter les joueurs à tricher, puisqu'une fois sur deux, c'est payant, dans tous les sens du terme.

Moi-même, je reconnais avoir simulé. J'ai

obtenu des coups-francs bien placés ou des penalties qui ont fait gagné mon équipe. Je n'en suis pas fier rétrospectivement, mais j'estime avoir fait mon métier tel qu'on me le demandait. Je n'ai pas le sentiment d'avoir plus triché qu'un autre – plutôt moins, même. Aussi, quand je vois le tollé général qui s'est élevé dans les médias contre Ravanelli après le match PSG-OM, ça me fait bien rire. Il a servi de bouc émissaire pour tous les attaquants qui tombent sur une poussette imaginaire et qui ne font que remplir un contrat tacite passé entre eux et les dirigeants, les sponsors et leur public. Je trouve anormal que les arbitres l'aient sanctionné ensuite dans d'autres matchs et aient pénalisé non seulement le joueur, mais aussi son club. Moralité : Marseille a perdu quatre points et Fabrizio a menacé de changer de club.

Je me demande aussi s'il ne se passe pas des choses plus graves ailleurs que sur un terrain et qui mériteraient la une des journaux, plutôt qu'un joueur qui tombe dans une surface de réparation. J'en parle d'autant plus à mon aise qu'aujourd'hui, j'ai passé l'âge de me rouler par terre en me tenant la jambe et en criant à l'attentat. Je ne pense plus qu'à me faire plaisir sur un terrain. Cela seul compte.

En plus de la professionnalisation des arbitres, je suis aussi pour une modification des règles du football quand elles peuvent accélérer le jeu et donner à voir du football spectacle. Je pense aux touches qui pourraient se faire au pied plutôt qu'à la main.

Je pense aussi à des zones qu'on pourrait définir et dans lesquelles les buts marqués ne seraient pas comptabilisés de la même façon. Exemple : un but marqué hors des dix-huit mètres pourrait compter double et un but au-delà de trente mètres triple.

En revanche, je suis pour le maintien des tacles, car je considère qu'ils sont partie intégrante du jeu, tout comme les tirs ou les contrôles. Un tacle bien réussi est le geste défensif par excellence, mais c'est aussi un must du football au même titre qu'une reprise de volée ou une tête plongeante. Et puis se pose un vrai problème de jeu : comment récupérer le ballon s'il n'est plus possible de tacler ? Qu'on ne s'y trompe pas, même si j'ai perdu à Bari, je suis pour qu'on départage deux équipes par l'épreuve des tirs aux buts si elles sont à égalité à la fin de la prolongation. C'est une épreuve comme une autre qui tient compte de la fatigue, du stress, de la qualité du tir.

La main de Vata a donc propulsé le Benfica en finale, où les Portugais ont perdu comme prévu 1-0 contre le Milan AC lors d'un match peu enthousiasmant. Ah ! Si l'OM avait joué... Cela reste mon plus grand regret : ne jamais avoir gagné une coupe d'Europe avec Marseille !

L'an V : 1990-91, la finale perdue

Comme à son habitude, le marché des transferts a été très animé du côté de la Canebière. Si Olmeta, Boli, Casoni, Fournier, Pardo, Sojkovic, Lada, Pelé, Casanova et Cantona (de retour de prêt mais qui repartira avant la fin de la saison) sont arrivés, il a fallu déplorer les départs de Francescoli, Sauzée, Roche, Thys, Durand, Diallo, Warmuz et Cauet ainsi que l'arrêt définitif de Förster. En provenance de l'Étoile Rouge de Belgrade, Stojkovic a été la sensation de l'intersaison : il était la révélation du mondial en Italie un mois plus tôt. Plus que tout autre, je regrette que sa blessure au genou l'ait éloigné si longtemps des terrains, parce qu'il était effectivement le joueur exceptionnel que l'on disait !

Cette année-là, l'effectif était si riche que des joueurs comme Jean Tigana, Éric Cantona ou Philippe Vercruysse ont peiné à s'imposer. Mozer a été l'un des hommes clés de la saison : il a pris la direction de la défense avec beaucoup de brio et ne l'a plus quittée. Autant il était agréable et gentil en dehors du terrain, autant il était imposant et dur sur l'homme en match (vingt-quatre cartons jaunes et deux rouges lors de ses deux premières saisons !). À chaque fois qu'il y avait une balle dans les airs, elle était pour lui. C'était une véritable tour de contrôle qui donnait confiance à toute l'équipe. Devant lui se dressaient deux remparts infranchissables : Boli et Casoni. Et puis, isolé en pointe, le trio « magique » : Pelé-Waddle-Papin.

Pour notre stage de début d'année, Tapie a embauché un préparateur physique autrichien qui nous a « carbonisés » en deux semaines. Adi Pinter a planifié un séjour à Font-Romeu, à deux mille mètres d'altitude, avec quatre entraînements par jour et un régime alimentaire draconien ! Vers sept heures du matin, nous commencions par un réveil musculaire suivi d'un petit déjeuner à base de jus de carotte et de thé sans sucre.

La musculation à proprement parler avait lieu ensuite toute la fin de la matinée. Le déjeuner était particulièrement frustrant : poireaux cuits, choux-fleurs... L'après-midi se décomposait en une séance d'entraînement classique et un très long footing.

Malgré l'altitude élevée, nous avons entamé le stage sans mise en train, si bien que deux jours plus tard, la plupart d'entre nous étaient déjà exténués. Pour couronner le tout, le préparateur a exigé qu'on se purge afin que la cure diététique soit vraiment efficace. Aussi, le matin, il n'était pas rare de voir quelques-uns d'entre nous détaler dans les fourrés en serrant les fesses, ce qui déclenchait immanquablement des fous rires. Une autre anecdote amusante – mais qui aurait pu finir tragiquement – a agrémenté le stage : alors que nous étions tous autour de la piscine, l'un de nous a poussé une jolie jeune fille à l'eau d'un petit coup d'épaule. Nous avons beaucoup ri jusqu'à ce qu'elle coule à pic : elle ne savait pas nager ! C'est Bernard Casoni qui s'y est collé : il a plongé tout habillé et a sauvé la jeune femme des eaux. On riait tous jaune...

Au bout de quelques jours, j'ai fini par téléphoner à Tapie pour lui dire qu'il allait retrouver vingt morts vivants à notre arrivée à Marseille si on continuait sur ce rythme d'enfer, mais il nous a traités de fainéants et a ordonné la poursuite du stage. Quatre jours plus tard, les premières prises de sang ont montré que nous avions tous d'importantes carences. Nous avons quand même été au bout des deux semaines et nous avons fait un bon début de championnat, mais avec une absence totale de panache et de spectacle qui faisaient jusqu'alors notre force.

En septembre, Gérard Gili a été débarqué et remplacé par Franz Beckenbauer ! Bernard Tapie, échaudé par l'erreur d'arbitrage qui avait coûté à l'OM sa première finale européenne, avait décidé de frapper un grand coup : le Kaiser en personne ! Il savait que son arrivée aiderait à en imposer au niveau européen et à structurer le club. En effet, toute la planète football a braqué les yeux vers Marseille et a découvert un grand club qui se donnait les moyens de ses ambitions.

Dès qu'il a pris ses fonctions, Beckenbauer a constaté dans quel état physique nous étions et a pris sur lui de lâcher la bride :

– À partir d'aujourd'hui, vous mangerez ce que vous voulez. À la carte si le cœur vous en dit.

Il a mis un mois et demi à nous remettre en jambes en nous imposant un petit footing de vingt minutes tous les jours pour qu'on retrouve un peu du fond perdu à Font-Romeu. Cependant, Franz Beckenbauer n'a pas été à la hauteur des espérances que Bernard Tapie avait placées en lui : l'OM a eu des résultats très mitigés pendant l'automne et a notamment subi quatre défaites en championnat – dont une très sévère à Auxerre 4-0 – et une à Poznan, en Pologne.

Il faut dire que quelques paramètres extérieurs ont perturbé son coaching : à peine est-il arrivé que la police a débarqué lors d'une séance d'entraînement et raflé trois joueurs au motif qu'elle enquêtait sur la caisse noire de Toulon. Et puis comme à son habitude, Bernard Tapie s'est immiscé dans la gestion et la composition de l'équipe. Franz ne l'a pas accepté. De toute façon, je pense que sa rigueur tout allemande ne pouvait guère s'accommoder durablement de la faconde et des excentricités méditerranéennes.

En décembre, il a été promu manager général et Raymond Goethals, le sorcier belge, a pris sa place d'entraîneur. Tout de suite, nous avons été séduits. Il était impayable avec sa Belga en permanence au bec et sa mèche qui lui tombait sur les yeux. Il avait un mode de vie tout aussi pittoresque que le personnage : il vivait à l'hôtel et ne dormait que très peu. Le plus drôle était sa façon d'écorcher le nom de nos adversaires lors des causeries d'avant-match, le plus impressionnant sa science du foot : immergé depuis cinquante ans dans ce sport, Raymond Goethals avait emmagasiné toutes les tactiques, tous les schémas de jeux, toutes les subtilités qui nous ont permis de prendre le Milan, alors la meilleure équipe du monde – à son propre piège.

Peut-être faut-il rappeler le contexte de ce quart de finale de coupe d'Europe des clubs champions qui opposait les deux meilleures équipes du monde du moment et qui est entré dans la légende depuis. Le Milan venait de remporter deux fois de suite la coupe et était donné favori, mais nous étions de vrais outsiders. À la confrontation purement sportive venait s'ajouter celle des frères ennemis Bernard Tapie et Silvio Berlusconi – frères parce qu'ils se connaissaient et avaient des parcours similaires dans leurs pays respectifs, ennemis parce qu'ils chassaient sur les mêmes terres.

Dès que Raymond Goethals a pris l'équipe en main, il a préparé la rencontre avec beaucoup de minutie. Il avait remarqué, comme bon nombre d'observateurs, que le Milan jouait systématiquement le hors-jeu grâce à son libéro Baresi. Le capitaine milanais faisait monter ses défenseurs très haut et s'alignait sur eux dans un délai très court qui interdisait les passes longues par-dessus la défense. Lors des petits matchs d'entraînement, Raymond a donc demandé à notre défense de jouer aussi la ligne, non pour appliquer cette tactique de jeu en match, mais pour nous obliger, nous les attaquants, à ne pas nous laisser prendre au piège du hors-jeu.

Puis toute l'équipe est partie quatre jours à Saint-Vallier, au-dessus de Cannes, pour se concentrer. Le dimanche soir, nous avons regardé tous ensemble « l'Équipe du Dimanche » et nous avons vu le Milan passer cinq buts à Naples ! Nous avons été impressionnés par l'organisation tactique des Milanais et par leur puissance de frappe devant incarné par Gullit seul puisque Van Basten était blessé mais à aucun moment nous ne les avons craints. Nous avions une telle confiance en nous...

Nous avons quand même décidé de tout faire pour ne pas prendre un but dans le premier quart d'heure afin d'éviter une humiliation toujours possible dans un contexte aussi particulier !

Puis est arrivé le grand jour. Dans le bus qui nous emmenait vers le stade de San Siro, chacun chantait son hymne national : Mozer pour le Brésil, Pelé pour le Ghana, Waddle pour l'Angleterre, et tous les autres... *La Marseillaise*, bien sûr ! Dans les vestiaires, les chants des supporters milanais résonnaient à nos oreilles. Goethals a apporté la petite touche de décontraction qui manquait en appelant Donadoni « Doradori » et Massaro « Massarosse » avec son accent inimitable.

Puis nous sommes entrés sur le terrain dans une ambiance de feu : quatre-vingt-un mille spectateurs avaient pris place dans les gradins. San Siro fait partie de ces stades, avec Guadalajara, Rome, Naples, le Parc et le Vélodrome, qui laissent un souvenir inoubliable, non seulement par sa contenance, mais aussi parce qu'il est complètement clos.

Dès le coup d'envoi, nous avons pratiqué le football que nous connaissions avec un libéro en retrait – Carlos Mozer –, un milieu de terrain très fourni et le fameux trio magique en attaque. Mais à la suite d'une mésentente entre Mozer et Casoni, nous avons encaissé un but de Rud Gullit au bout de quatorze minutes de jeu. Ce but a été le déclic. Sans consulter le coach, nous avons décidé de jouer le hors-jeu comme l'équipe l'avait appris durant le stage de préparation et Carlos Mozer a donné le la. Nous nous sommes tous passé le mot très vite et les consignes ont été appliquées à la lettre. Non seulement ce changement de tactique a décontenancé le Milan AC, mais il nous a aussi permis de presser plus haut et de nous créer une occasion de but à la vingt-septième minute, occasion que je n'ai pas laissé passer. Le score final s'est soldé sur un 1-1 flatteur tant l'OM avait tenu la dragée haute au Milan.

Avec le recul, le grand mérite du sorcier belge est de nous avoir appris à jouer la ligne, mais nous avons pris nous-mêmes la responsabilité de la tactique de jeu lors du match. Sans vouloir diminuer la valeur de Raymond, je prétends que nous étions si forts, cette année-là, que n'importe quel entraîneur un peu conciliant aurait pu nous « coacher ».

Au match retour, nous nous sommes imposés 1-0 grâce à un but de Waddle qui était un peu l'envers de celui marqué à Milan : sur un centre d'Abedi, j'ai dévié le ballon de la tête au deuxième poteau. Chris a repris la balle comme elle venait et l'a expédiée dans le petit filet : un bijou, d'autant qu'il avait perdu ses esprits lors d'un choc avec Maldini et qu'il jouait sur « pilote automatique ». Dans les vestiaires, il n'avait toujours pas pris conscience que c'était lui qui avait marqué le but de la victoire !

Un autre épisode rocambolesque a émaillé ce quart de finale : les lumières se sont éteintes à quelques minutes du coup de sifflet final et les joueurs du Milan AC, sous l'impulsion de leur capitaine Franco Baresi, ont quitté le terrain pour ne plus revenir. La sanction n'a pas traîné : ils ont été suspendus de coupe d'Europe l'année suivante. Plus tard, quand j'ai reparlé de cet incident avec eux, ils m'ont confié qu'ils espéraient que le match serait annulé comme l'avait été celui contre l'Étoile Rouge l'année précédente. À Belgrade, ils étaient menés 1-0 à dix minutes de la fin après avoir fait 1-1 au match aller, quand un brouillard épais était miraculeusement tombé sur le stade et les avait sauvés d'une défaite irrémédiable. Les Milanais avaient rejoué le match le lendemain et s'étaient qualifiés aux penalties. À Marseille, ils n'ont pas pu s'empêcher de faire le rapprochement avec Belgrade en pensant que les dieux du football, une nouvelle fois, étaient avec eux. Mais les dieux sont versatiles. Tout footballeur sait cela.

En demi-finale, nous avons éliminé le Spartak Moscou sans coup férir : 3-1 là-bas – sans que je prenne de cuite mémorable après – et 2-1 au retour, à Marseille, pour l'un des records absolus de recette à l'époque : seize millions de francs en caisse.

La finale à Bari était donc l'aboutissement de notre longue campagne européenne qui nous avait emmenés de Tirana à Bari en passant par Poznan, Milan et Moscou. Cette fois, nous étions les favoris pour avoir éliminé le Milan avec la manière. Notre adversaire était l'Étoile Rouge de Belgrade qui avait battu le Bayern en demi-finale. J'aurais préféré jouer les Allemands pour venger Glasgow, en 1976, où les Verts avaient été défaits 1-0 sur un coup franc assassin de Roth, le milieu de terrain munichois. Mais notre confiance en nous était telle que nous ne devions faire qu'une bouchée de l'Étoile Rouge.

Avant le grand rendez-vous de Bari, nous avons bataillé ferme contre Monaco pour nous assurer le titre de champion. Nous voulions être sûrs de rejouer la coupe d'Europe des clubs champions l'année suivante et aborder la finale contre Belgrade sans ce stress supplémentaire. Nous nous sommes aussi qualifiés pour la demi-finale de la coupe de France en toute décontraction, alors que nous jouions sans pression. Je me rappelle notamment d'un match à Nantes où nous avons passé la moitié de la mi-temps assis au beau milieu du terrain, à rire et à plaisanter au lieu de nous concentrer comme il est de bon ton de le faire.

Bari est arrivé dans ce contexte euphorique, mais après une fatigue accumulée très importante. Sans nous en rendre compte, nous avions laissé beaucoup de forces dans la répétition de matchs de haut niveau. Et puis le décalage d'un mois entre la demi-finale et la finale a fait monter la pression. Peu à peu, les propos alarmants de la presse, relayés par Raymond Goethals, ont commencé à nous peser : faire attention à Prosinecki et à Savicevic, se méfier aussi de Jugovic et de Mihajlovic, ne pas donner d'espace à Pancev devant, etc. Aussi, le jour J, nous avons joué très contractés, ou plutôt nous n'avons pas joué. Mais que dire des joueurs de l'Étoile Rouge qui ont livré un match négatif où la victoire seule comptait au détriment du jeu ?

Au bout du compte, nous n'avons pas su assumer notre statut de grand favori et nous l'avons payé comptant : une défaite aux penalties 5-3. Seul Stojkovic, qui jouait contre ses anciens partenaires, a amené de la fantaisie dans notre jeu conventionnel dès qu'il a remplacé Di Méco à la cent onzième minute. Mais il est entré trop tard – tout comme moi, deux ans plus tard, à Munich, j'entrerais trop tard contre mes anciens coéquipiers.

Nous savions qu'aller aux penalties réduisait singulièrement nos chances de gagner parce que les Yougoslaves avaient l'habitude, dans leur championnat, de se départager par l'épreuve des tirs aux buts en cas de match nul. Mais nul ne pourra dire que nous ne nous étions pas entraînés : nous en avions tiré, des penalties ! Et pourtant Manu, Manuel Amoros, a tiré sur leur gardien Stojanovic lors de l'avant-dernier tir au but, scellant ainsi la victoire des Yougoslaves. L'Étoile Rouge s'est allumée dans le ciel des Pouilles et notre bonne étoile a sombré dans la mer Adriatique.

Le repas qui a suivi le match a été lugubre. Une grande fête était prévue, nous nous y sommes rendus la mort dans l'âme. Et puis, l'heure tournant, nous avons commencé à nous relaxer. Match perdu, match gagné, la vie continuait. Carlos a sorti une blague à table et j'ai eu le malheur de rire au moment où Bernard Tapie passait devant nous. Il a croisé mon regard et j'ai lu dans ses yeux une colère incommensurable.

Le lendemain matin, il nous a tous convoqués pour nous passer un « savon » : « Je n'ai rien à vous reprocher sur la défaite. En revanche, certains d'entre vous ont eu une attitude déplorable après le match. Je leur dis d'homme à homme : s'ils veulent quitter l'OM, la porte leur est ouverte. Qu'ils viennent me voir demain matin dans mon bureau. »

Je ne me sentais pas particulièrement visé, mais depuis quelque temps, j'avais mûri l'idée de partir en Italie pour franchir un nouveau cap, réaliser mon rêve d'étranger et gagner plus d'argent – j'étais alors à trois cent mille francs bruts par mois, ce qui était un très gros salaire en France mais une rémunération moyenne eu égard aux salaires des stars du calcio. Je me suis dit que c'était l'occasion rêvée de faire part à Bernard Tapie de mon envie de changer d'air. Le lendemain, je me suis retrouvé dans l'antichambre de son bureau avec... ô surprise ! Chris Waddle qui, lui aussi, voulait faire ses valises parce qu'il avait eu des mots avec le « boss ».

Bernard Tapie s'est tout de suite rendu compte qu'il avait fait une gaffe : ceux qu'il souhaitait voir rester s'étaient engouffrés dans la brèche qu'il avait lui-même ouverte. Il a mis son coup de gueule sur le compte de la colère et nous a priés de continuer avec lui, mais nous lui avons opposé l'un après l'autre une fin de non-recevoir.

Trois jours plus tard, nous jouions Rodez en demi-finale de coupe de France. Bernard Tapie est arrivé dans les vestiaires sans même nous saluer ni nous motiver comme il savait si bien le faire avant les matchs. Il faisait une vraie tête d'enterrement. Je lui en ai voulu de nous mépriser à ce point, si bien que lorsqu'un journaliste de « Télé-foot » à la recherche d'un scoop est venu m'interviewer, je lui dis que je quittais l'OM. Ce que je ne savais pas, c'est que l'émission était retransmise en direct sur le stade Vélodrome ! Bernard Tapie a entendu ma déclaration comme tout les spectateurs et a débarqué en trombe dans le vestiaire. À ce moment-là, j'étais en train de m'échauffer sur le terrain. Quand je suis revenu, Jean Tigana m'a pris à part et m'a glissé rapidement : « Ne dis rien, le boss est fou furieux. Il a entendu ta déclaration en direct du stade et il est entré en cassant la porte du vestiaire. »

Je me suis assis pour attacher mes lacets et j'ai senti une silhouette me sauter à la gorge : Bernard Tapie ! Il m'a attrapé par le col et m'a interpellé violemment : « Tu veux la guerre ? Très bien, tu vas l'avoir. Mais à ma manière. » Puis il s'est relevé, a donné un grand coup de pied dans la porte et est sorti des vestiaires où régnait une tension perceptible par tous. Puis il est revenu à la charge : « De toute façon, ce n'est pas la peine de t'habiller, tu ne joues pas. »

En fin diplomate qu'il était, Raymond Goethals s'est levé pour s'interposer, mais Tapie l'a rabroué. Il était enragé. C'est alors que je lui ai répondu, ce que j'ai rarement fait en six ans de cohabitation placée sous le signe d'une amitié encore vivace aujourd'hui : « Si tu veux avoir de meilleurs résultats, il faut que tu aies plus de respect pour tes joueurs. » Puis j'ai mis mon brassard et je suis sorti sur le terrain. J'étais remonté comme une pendule. Dans le couloir, Bernard m'a rattrapé par l'épaule et m'a pris par les sentiments : « Jean-Pierre, pourquoi tu me fais ça ? Je te considère comme mon fils.

– Laisse-moi, lui ai-je rétorqué en me dégageant. C'est le dernier match que je joue à Marseille. Moi, mon truc, c'est de marquer des buts. J'en ai encore quelques-uns à marquer et tout de suite après, je m'en vais. »

J'ai marqué trois buts en un quart d'heure ! À la fin du match, je suis entré à toute vitesse dans les vestiaires et j'ai pris ma douche en deux minutes. Je savais qu'en quittant le stade, je n'y remettrais plus jamais lcs picds, mais je sentais aussi que quelque chose de bizarre se tramait. Quand j'ai voulu sortir du vestiaire, le garde du corps de Bernard Tapie m'attendait : « Viens, m'a-t-il dit. Le patron veut te voir. » Il m'a emmené à la conférence de presse où Bernard Tapie avait réuni tous les journalistes sportifs présents dans le stade.

Dès qu'il m'a vu, il m'a pris par le cou et a

déclaré sur un ton solennel : « Jean-Pierre sera toujours là l'année prochaine. C'est l'une des pièces maîtresses du club, tous les Marseillais ont besoin de lui. Il le sait et il va rester pour ça. On va faire une très grande équipe et on va gagner ensemble la coupe d'Europe. »

J'avais conscience d'être tombé dans le piège qu'il m'avait tendu, mais je n'ai pas eu la force de démentir devant tous ces journalistes. Et puis, ce n'était quand même pas une punition de rester à l'OM. Je suis donc resté un an de plus, fort de mon quatrième titre de meilleur buteur du championnat de France avec vingt-quatre réalisations en championnat, sept en coupe de France et six en coupe d'Europe.

Malgré une saison somme toute exceptionnelle, cette année m'a laissé un goût amer. Nous ambitionnions de faire un triplé historique « coupe d'Europe, coupe de France et championnat » que seuls le Celtic de Glasgow, l'Ajax d'Amsterdam et le PSV d'Eindhoven avaient réussi et nous avons échoué tout près du but.

La saison 1991-1992 s'est donc clôturée sur un bilan mitigé, d'autant qu'un autre incident me concernant a défrayé la chronique cette année-là. Lors d'un match à Saint-Étienne, j'ai pris une canette de bière sur le crâne. Le choc a été si violent que j'ai été abasourdi. Je suis parti à l'hôpital me faire examiner. Quand je suis revenu sur le banc, j'étais blanc comme un linge. Le match avait commencé sans moi. Il s'est soldé par une défaite de l'OM 2-1. À la suite d'une réclamation déposée par notre staff technique, la ligue a décidé de le leur faire rejouer. On m'a alors reproché d'en avoir rajouté, d'avoir simulé des maux de tête, mais quel intérêt aurais-je eu à agir de la sorte ?

Le président de l'AS Saint-Étienne, Laurent, s'est d'abord comporté comme un gentleman en envoyant des fleurs à Florence le soir même. Pourtant, dès le lendemain, il s'est répandu dans la presse en me traitant de truqueur. J'ai voulu porter plainte en diffamation contre lui, mais Noël Le Graët m'a supplié de ne pas en arriver à cette extrémité. J'ai retiré ma plainte, rejoué le match et marqué le but égalisateur pour l'OM. C'était la meilleure façon de me venger de l'agression que j'avais subie, mais aussi des gens qui m'avaient traîné dans la boue.

La finale de la coupe de France au parc des Princes, face à Monaco, ne reste pas non plus gravée dans ma mémoire. Nous avons joué sans âme. La défaite de Bari pesait lourd dans les jambes. Gérald Passi a choisi l'avant-dernière minute de jeu pour marquer un magnifique but assassin qui nous privait du doublé. Les vacances ont été les bienvenues...

Après les défaites de Bari et du parc des Princes, j'ai ressassé ma rancœur durant l'été, mais le bonheur qui irradiait notre couple était plus fort que tout. Florence était enceinte depuis le mois de mars 1990, et je me faisais une joie d'être père une troisième fois. Au mois de juin, nous sommes partis avec Méryl et Christopher aux Bahamas, où j'ai péché un requin d'un mètre quatre-vingts avec les G.O. du Club Med. Nous l'avons attrapé d'une manière peu orthodoxe, avec une corde de ski nautique, un bidon d'huile à la place du bouchon, un crochet de boucher en guise d'hameçon et un gros morceau de viande comme appât.

Le 10 septembre, j'ai épousé Florence à la mairie d'Aix-en-Provence. Moi qui étais toujours habillé en sportif avec un survêtement et des tennis, je m'étais mis sur mon trente et un. J'avais un costume tiré à quatre épingles et un nœud papillon très seyant.

La cérémonie a été l'occasion d'une grande fête au domaine de Tournon. Deux cents personnes sont venues célébrer avec nous ce jour béni entre tous. Une réception était organisée dehors, dans un cadre magnifique que baignait la lumière si pure, si limpide de la Provence. A peine suis-je arrivé que Stéphane Tapie et Christian Zéroukian, mes deux témoins, ont trouvé très amusant de me pousser tout habillé dans la piscine. Inutile de dire que j'ai moyennement apprécié la plaisanterie ! Pour une fois que j'avais fait l'effort de mettre une tenue habillée... Un peu penauds, ils sont partis tous les deux à la recherche d'un pressing ouvert un lundi. Ils ont fini par en trouver un après avoir couru les alentours et ont passé tout l'après-midi dans un bar qui sentait la friture, à attendre que le costume soit nettoyé et repassé. Ils sont revenus juste avant quc la soirćc nc commence. Heureusement pour eux : la fête se prolongeait tard dans la nuit et je ne tenais pas à la passer en caleçon, ni même avec le costume trois fois trop large qu'un invité avait eu la gentillesse de me prêter et qui me faisait ressembler davantage à un clown qu'à un marié. Et puis, la nuit venue, tous les hommes ont été dans la piscine de gré... ou de force. Cette fois, je n'étais plus le seul.

Trois mois plus tard, le 5 décembre 1990, naissait Émily.

L'an VI : 1991-92, les adieux

Trevor Steven, Pascal Baills, Daniel Xuereb et Allen Boksic (prêté à Cannes) sont arrivés. Franck Sauzée est revenu après une saison passée à Monaco. Stojkovic a migré sous d'autres cieux. Jean Tigana a mis un terme à sa carrière de footballeur. Bruno Germain et Laurent Fournier ont été échangés contre Jocelyn Angloma. Malgré ces bouleversements, l'ossature de l'équipe n'a pas changé fondamentalement. On retrouvait une défense très solide avec Mozer, Boli et Casoni dans l'axe, un milieu de terrain très riche (Deschamps, Sauzée, Vercruysse, Durand, Steven) et le trio de pointe inchangé Pelé-Waddle-Papin.

Sur notre lancée, nous avons été champions de France pour la quatrième fois consécutive. Tout s'est joué lors de la trente-cinquième journée contre Monaco, notre rival le plus menaçant au classement. Les Monégasques nous recevaient sur leur rocher pour un match à « six points » où le vainqueur prendrait une sérieuse option sur le titre. Habitués aux rencontres de haut niveau dans un contexte de tension nerveuse extrême, nous sommes allés gagner chez eux sur le score sans appel de 3-0 !

Pour ne pas déroger à la bonne habitude que j'avais prise depuis quatre ans, j'ai aussi décroché mon cinquième soulier d'or avec vingt-sept réalisations ! J'ai même obtenu la consécration suprême en recevant le ballon d'or des mains du directeur de France Football. La plupart des journalistes des pays d'Europe m'avaient placé en tête de leur suffrage, faisant de moi le meilleur joueur européen de l'année ! Mon poursuivant direct était relégué loin derrière. Il s'agissait de Savicevic, un joueur que je retrouverais l'année suivante à Milan.

Cette récompense m'a fait entrer de plain-pied dans l'histoire du football international aux côtés de joueurs aussi talentueux que Marco Van Basten, Johan Cruijff, Alfredo Di Stephano ou Franz Beckenbauer. Mais elle m'a aussi fait entrer dans le Panthéon national puisque je suis le troisième Français seulement à l'avoir reçu après Raymond Kopa et Michel Platini – qui lui, il est vrai, a été couronné trois fois.

La cérémonie s'est déroulée lors de l'émission « Télé-foot » en présence de toutes les personnes ayant compté pour moi, à commencer par ma femme et mes enfants, mes parents, mes amis proches, Bernard Tapie, Michel Platini, Raymond Kopa... Ensuite, nous sommes allés manger au restaurant San Francisco, admirer le spectacle du Crazy Horse et finir la soirée au Cinquième Avenue.

Dès que j'ai pris connaissance des résultats du vote, j'ai explosé de joie, puis j'ai remercié le Tout-Puissant de toutes les attentions qu'il a pour moi. Je crois en Dieu, bien que je ne sois pas pratiquant. Je crois au Christ, aux miracles, à un seul et même

Dieu que toutes les religions magnifient. Je prie assez souvent et il m'est même arrivé d'aller me confesser. Je ressens la confession comme un soulagement, une espèce de purge qui me laverait de tous mes péchés. Mais je ne me suis pas privé de faire ma petite mixture religieuse. Je ne rencontre pas Dieu seulement à l'église, mais tout autant dans le regard d'un enfant ou dans l'annonce d'une bonne nouvelle. Je crois en la réincarnation : j'ai été frappé plus d'une fois par l'impression de connaître intimement des lieux dans lesquels je n'avais jamais mis les pieds, ou des gens que je n'avais jamais vus auparavant !

Ce ballon d'or était l'apothéose de ma carrière, mais il consacrait aussi l'ensemble d'une équipe qui avait montré tout au long de la saison une solidarité et un humour sur et hors du terrain comme je ne l'avais encore jamais vu les autres années. Une plaisanterie de Pascal Olmeta montre à quel point l'ambiance était enjouée et fantaisiste. Pascal était le boute-en-train de l'équipe, mais il lui arrivait de faire quelques fautes de français ou de confondre les mots. Un jour qu'il annonçait triomphalement qu'il avait aménagé des toilettes à la russe chez lui, Didier Deschamps l'a repris à la volée – c'est le cas de le dire pour un footballeur : « Tu veux sans doute dire à la turque ? » Tout le monde s'est esclaffé, mais Pascal ne s'est pas démonté. Il s'est campé devant lui et lui a répondu du tac-au-tac : « Oui, tu as raison. On dit "chiottes à la turque" et "roulette russe". Samedi prochain, je vais te montrer ce que c'est que la roulette russe. »

Le sourire de Didier s'est figé. Il connaissait trop les extravagances de Pascal pour ne pas savoir qu'il tenait toujours ses promesses... Le vendredi suivant, au Sofitel, Pascal s'est campé devant Didier et a planté son grand couteau corse à cran d'arrêt dans la table, juste sous son nez : « Aujourd'hui, ça va être ta fête », s'est-il exclamé devant l'ex-Nantais qui blêmissait.

Tout de suite après le déjeuner, Didier est monté en courant dans sa chambre et nous l'avons rejoint, Franck Sauzée, Daniel Xuereb et moi, pour faire une partie de cartes. « La Dèche » était si effrayé qu'il a fermé la porte à clé derrière nous : « On ne sait jamais », a-t-il murmuré d'une petite voix.

On a joué un long moment jusqu'à ce qu'on entende un bruit sourd se rapprocher de façon inquiétante : quelque chose ou quelqu'un sautait de balcon en balcon en faisant un vacarme assourdissant. Tout à coup, Pascal a fait irruption dans la chambre. Il tenait un pistolet à la main. Il s'est approché de Didier et a voulu lui coller le canon sur la tempe, mais « la Dèche » s'est rué vers la porte, l'a ouverte et s'est enfui en courant à toutes jambes – peut-être n'a-t-il jamais couru aussi vite.

Nous avons beaucoup ri en commentant l'expression terrorisée de Didier et l'audace de Pascal. Le Corse avait sauté au-dessus du vide et mis sa vie en danger pour tenir son pari. Il est reparti dans sa chambre par la voie classique – la porte – et Franck, Daniel et moi, nous sommes allés chercher Didier dans le Sofitel. Mais aucune trace de l'ex-Nantais. Nous avons « cuisiné » un chasseur qui a fini par nous dire qu'il avait trouvé refuge dans une chambre dont il ne devait donner le numéro sous aucun prétexte. J'ai insisté, il a vendu la mèche.

Devant la porte de ce qui était supposé être la nouvelle chambre de Didier, j'ai eu l'idée de lui faire peur une deuxième fois. Par essence, je suis un joyeux drille, un boute-en-train, quelqu'un qui aime rire et faire rire. Franck et Daniel se sont embusqués dans le couloir et j'ai frappé. Quand la porte s'est ouverte, je me suis jeté sur la silhouette qui se tenait devant moi. J'avais mis ma main en forme de revolver et je l'ai plaquée sur un homme en pyjama qui tenait son journal dans une main et ses lunettes dans l'autre. Il m'a fallu quelques secondes pour réaliser que cet homme n'était pas Didier. Nous avons alors été pris d'un fou rire et j'ai été incapable d'expliquer à ce client de l'hôtel qu'on s'était trompé de chambre. À l'heure qu'il est, il est encore persuadé d'avoir croisé trois fous, ce soir-là, au Sofitel !

Je me souviens aussi d'une autre anecdote amusante. J'avais embarqué à bord d'un Fuga, un avion à réaction qui appartenait à l'ancienne patrouille de France. Le pilote m'avait expliqué que je devais contracter les abdominaux à chaque figure aérienne et je m'y suis appliqué pendant la durée de l'exercice. Puis nous avons survolé la Provence à sept cents ou huit cents kilomètres à l'heure et il m'a demandé où j'habitais. Je lui ai indiqué l'emplacement d'Aix-en-Provence en me penchant vers le hublot et en posant mon doigt dessus. L'avion a viré dans la direction de la villa et je n'ai jamais pu ni me redresser, ni enlever mon doigt du hublot : la force G me plaquait contre les parois de l'avion avec une puissance incroyable. Bien entendu, je n'avais pas non plus contracté mes abdominaux, et j'ai eu le sentiment que mon estomac remontait dans ma gorge. L'inévitable s'est produit : j'ai vomi dans mon masque et nous avons écourté le vol !

En 1999, je serai parrain de la patrouille de France. Je n'ose imaginer ce qui m'attend...

Cette saison-là, tout concourait à ce que la saison soit parfaite sur le plan sportif, mais il y a eu le faux pas contre le Sparta Prague, au deuxième tour de la coupe d'Europe. Au premier tour, nous avons éliminé une petite équipe du Luxembourg dont je garde un souvenir assez précis, parce que j'y ai peut-être marqué ma plus belle reprise de volée – une trajectoire droite en pleine lucarne – sur un corner tiré par Manuel Amoros. Puis nous sommes tombés sur le Sparta Prague qui était un adversaire largement à notre portée – tous l'étaient, d'ailleurs.

Comme d'habitude, tout s'est joué à l'aller. Nous menions 3-0 au stade Vélodrome – un score idéal en coupe d'Europe – mais un relâchement coupable a remis nos adversaires en selle. Ils ont obtenu deux penalties consécutifs à deux fautes de Basile Boli et sont revenus à 3-2 dans un silence de mort. Moi-même, je n'ai pas été irréprochable puisque j'ai manqué un penalty qui nous aurait définitivement mis hors de portée des Tchèques !

Le match retour quinze jours plus tard a tourné au cauchemar. Nous sommes tombés sur une équipe très décidée, qui en voulait beaucoup plus que nous. Comme frappés d'impuissance, nous avons encaissé deux buts avant de revenir au score à un quart d'heure de la fin grâce à Abedi Pelé. Mais la messe était dite. Nous avons été incapables d'égaliser et nous avons été éliminés en raison de la sacro-sainte règle qui veut qu'en coupe d'Europe, les buts inscrits à l'extérieur comptent double !

Le coup a été très rude à tout point de vue.

Pour les joueurs qui tenaient par-dessus tout à briller dans cette ligue des champions nouvelle version. Pour les supporters de la France entière déçus de voir leur équipe fanion tomber en opposant une si faible résistance. Pour Bernard Tapie qui misait sur un premier titre européen conquis par une équipe française – d'autant que le Milan AC avait été interdit de compétition européenne. Pour les finances du club car les comptes avaient été calculés sur la base d'une participation aux poules finales de la Champion's League.

À l'époque, j'avais déjà pris la résolution de partir, mais rien de ce qui concernait le club ne me laissait indifférent. J'étais lié à l'avenir de l'OM, à ses joueurs, à son public et à son président plus sûrement que par un contrat. C'est encore vrai aujourd'hui, puisque je regarde les matchs de l'OM avec passion et que j'ai une maison à Aix-en-Provence qui est le nouveau berceau de ma famille. J'aime à ce point la région qu'il m'arrive de temps en temps de parler avec l'accent méditerranéen, tout comme Gunnar, cet autre célèbre avant-centre de l'OM natif de Suède.

Ici, je ne peux pas faire l'économie de la catastrophe qui a endeuillé la Corse cette année-là. Je n'en ai jamais reparlé depuis, mais il faut à présent que je vide mon sac. Le hasard a voulu que nous rencontrions Bastia en demi-finale de la coupe de France. Le match avait lieu chez eux, dans leur stade fétiche de Furiani. Toute la Corse s'enthousiasmait pour son équipe qui renaissait au succès et ambitionnait de se qualifier pour la coupe d'Europe. Il y avait une passion malsaine, voire une tension très pesante qui précédait la rencontre et augurait d'un drame sur ou en dehors du terrain. Au point que Bernard Tapie a préféré partir le jour-même à Bastia au lieu de venir la veille comme nous en avions l'habitude. Nous avons tous dormi au Novotel de l'aéroport et nous avons atterri le lendemain après-midi dans l'île de Beauté.

Quand nous nous sommes posés à l'aéroport, nous avons tous vu la fameuse tribune qui s'élevait dans le ciel de Corse comme une échafaudage menaçant. Et tout au long de la départementale toute droite qui mène au stade, nous avons été impressionnés par sa taille gigantesque qui la faisait ressembler à la tribune Jean Bouin, au Vélodrome.

En arrivant à Furiani, le stade était presque plein alors qu'il était à peine dix-sept heures. Dès la sortie du car, nous avons reçu des tomates et des canettes, si bien que nous avons dû gagner les vestiaires sous la protection des CRS qui nous escortaient avec leurs boucliers placés au-dessus de nos têtes. J'avoue que j'ai eu encore plus peur qu'à Athènes !

Quand nous sommes ressortis pour nous échauffer, nous avons eu droit aux insultes, aux pétards et aux fumigènes, aux bombes agricoles qui faisaient des trous de cinquante centimètres dans le gazon. Les dirigeants ont mis en route l'arrosage de notre côté pour nous empêcher de nous échauffer normalement. Le commentateur a chanté l'hymne national corse et chauffé le public jusqu'à l'incandescence. Tout le monde était dans un état second et j'ai pensé en moi-même que le match allait être très disputé.

Quand nous sommes retournés dans les vestiaires, j'étais très inquiet. Je redoutais par-dessus tout cette ambiance de feu qui n'était pas propice au déroulement serein d'un match de football. À huit minutes du coup d'envoi, Jean Castaneda est sorti prendre la température et est revenu comme un fou, en hurlant : « La tribune est tombée, la tribune est tombée ! »

Nous avons eu du mal à le croire, notamment parce que nous n'avions pas entendu l'effondrement des échafaudages. Pascal Olmeta a été le seul à comprendre ce qui s'était effectivement passé et à mesurer la gravité de l'accident : sa fille et sa femme étaient dans la tribune. Il est sorti en trombe des vestiaires et nous lui avons emboîté le pas sans conviction.

Dehors, c'était l'apocalypse. La première vision que j'ai eue en arrivant sur le terrain revient encore me hanter certaines nuits : un homme portait un enfant dont la moitié du visage avait été arrachée ! Mais je n'ai pas réalisé tout de suite l'ampleur de la catastrophe. Un amas de planches et de ferraille s'entassait dans le virage du stade. Et puis j'ai vraiment ouvert les yeux et j'ai vu du sang partout, j'ai vraiment ouvert mes oreilles et j'ai entendu des hurlements plaintifs qui me glaçaient le sang.

Je suis resté au milieu du terrain pour faire tout ce qui était en mon pouvoir pour sauver les vies qui pouvaient encore l'être. J'ai aidé à faire des perfusions, j'ai donné tous mes vêtements pour réchauffer les blessés, je me suis occupé des enfants qui réclamaient leurs parents disparus dans le drame. Tout le monde sans exception a prêté main-forte aux sauveteurs. Autour de nous bourdonnait un essaim d'hélicoptères dans un vrombissement étourdissant. C'était un mauvais *remake* d'*Apocalypse now* !

J'ai perdu des amis dans le drame. Certains sont handicapés à vie, d'autres n'ont pas supporté d'être infirmes et se sont suicidés. Quelques-uns ont eu plus de chance. Je pense à la femme et à la fille de Pascal Olmeta : un contrôleur zélé les avait empêchées de monter parce qu'elles n'avaient pas les bons billets...

Avec le recul, je pense que cette tragédie aurait pu être évitée. Je comprends très bien que les dirigeants bastiais aient voulu jouer à guichets fermés, que les supporters aient voulu voir leur équipe entrer dans la cour des grands en battant l'OM de la légende, mais rien ne justifiait qu'on menace la sécurité des spectateurs. Le football est un jeu où l'on ne joue pas avec la vie des autres.

Que le match ait été annulé est une péripétie sans importance au regard de tous les morts de Furiani. Le club bastiais s'est retiré de la coupe de France et nous a laissé le champ libre pour disputer la finale contre Monaco. Tapie voulait la jouer avec une tête de mort frappée sur nos maillots, mais nous nous sommes concertés entre joueurs et nous avons choisi à l'unanimité de ne pas aller au parc des Princes. Nous en avons décidé ainsi par respect pour les familles des victimes et en mémoire de tous les supporters tombés au terrain d'honneur.

La finale n'a jamais été jouée et aucun représentant français n'a disputé la coupe des coupes l'année d'après. C'était très bien ainsi.

Furiani a presque coïncidé avec mon départ de l'OM. Depuis quelque temps, j'avais pris la résolution de quitter Marseille pour m'épanouir en Italie. Je me sentais très bien dans la cité phocéenne, mais je voulais franchir un palier supplémentaire. Bernard Tapie a compris la nécessité de mon départ. Un an plus tôt, il m'avait promis de me « rendre ma liberté », il a tenu parole en donnant le feu vert à mon transfert. Aussitôt, le Real de Madrid, la Juventus de Turin, le Milan AC, Naples et l'Inter de Milan se sont mis sur les rangs. Bernard a mené les tractations de main de maître en me cédant pour une valeur de quatre-vingts millions de francs – ce qui est encore le transfert le plus cher de l'histoire pour un joueur français – puis, grand prince, il m'a laissé choisir, au final, ma destination. Je lui en suis encore reconnaissant aujourd'hui.

Je fais un petit aparté pour dire combien je suis étonné, pour ne pas dire révolté quand je vois les montants de certains transferts aujourd'hui. Cette inflation nuit à l'image du football et certains achats indécents choquent nombre de spectateurs. Il est vrai que j'ai été transféré pour une somme importante, mais j'avais fait mes preuves avec l'obtention d'un ballon d'or. Pour un certain nombre de joueurs en devenir, mais qui n'ont pas encore démontré une constance au plus haut niveau, je trouve que certains dirigeants cassent un peu facilement leur tirelire. Il est d'ailleurs très difficile d'évaluer exactement combien coûte un sportif. Comment connaît-on son coût ? Et n'est-ce pas le rabaisser au rang de bétail que de l'estimer à un certain prix ? J'en veux pour preuve la façon dont les dirigeants se débarrassent de leurs joueurs quand ils n'ont plus besoin d'eux.

Un club est semblable à une écurie de chevaux de course. Tant que les joueurs sont performants, ils sont assistés comme des enfants. Mais dès qu'ils baissent le pied en raison d'une blessure ou d'un problème familial, ils sont traités sans ménagement et retirés du circuit sans état d'âme.

Dès que Bernard Tapie a sollicité mon avis, j'ai opté pour le Milan AC. Non seulement je considérais que c'était le plus grand club du monde, mais je voulais à tout prix évoluer aux côtés de Marco Van Basten, qui était, qui est encore, le modèle d'avant-centre à mes yeux. Florence aussi se réjouissait à l'idée de vivre en Italie, un pays latin somme toute assez proche de notre région d'adoption. Milan n'était pas si loin qu'elle ne puisse de temps en temps faire un saut dans notre maison d'Aix-en-Provence, où elle a ses attaches.

Mes adieux au stade Vélodrome restent un souvenir très émouvant. Par respect pour les supporters, et pour ne pas démobiliser l'équipe, j'ai attendu la quasi-certitude du quatrième titre de champion de France consécutif pour annoncer mon départ. Bernard Tapie a finalisé les conditions de mon transfert en Italie quelques jours plus tard, mais j'ai tenu à réserver la primeur de la nouvelle au public marseillais.

Le dernier match de la saison au Vélodrome nous opposait à Cannes. À l'échauffement, je suis entré sur le terrain avec une boule dans la gorge. Je n'arrivais pas à réaliser que c'était le dernier match que je jouais sous le maillot olympien, même si un murmure parcourait le stade chaque fois que je touchais le ballon. Et puis, au moment de rentrer dans les vestiaires, Bernard Tapie s'est avancé vers moi avec un micro et me l'a mis d'autorité dans la main. Je me suis retrouvé tout seul au centre du stade sans avoir eu le temps de préparer mon allocution. L'instant était solennel, le silence impressionnant. D'une voix étranglée par l'émotion, j'ai remercié le public pour son soutien sans conditions pendant six ans et j'ai annoncé mon transfert au Milan sous une ovation monstre.

La soirée a été en tous points exceptionnelle : l'OM a été sacré champion de France en battant Cannes par 2-0 et j'ai ouvert le score d'une tête plongeante !

Je suis parti dans des conditions de rêve, mais je n'ai pas eu le temps de battre le fabuleux record de Skoblar : cent cinquante-quatre buts marqués sous le maillot de l'OM, dont cent lors de ses cents premiers matchs ! À aucun moment, je n'ai regretté de partir – d'ailleurs, je ne suis pas homme à regretter quoi que ce soit. J'avais donné au club olympique mes plus belles années, il me les avait rendues au centuple.

En Italie au Milan AC

Chose étonnante avec le recul, j'ai signé à Milan sans y avoir mis les pieds : j'ai découvert la ville quand je suis allé passer ma visite médicale ! Nous sommes arrivés un peu anxieux, Florence et moi, mais les dirigeants du club se sont empressés de dissiper nos craintes. Si l'OM était une grande équipe, le Milan AC s'est imposé tout de suite comme un grand club. La nuance est d'importance. Tous ceux qui signent dans la capitale lombarde sont pris en charge dès leur descente d'avion et n'ont plus qu'une seule préoccupation en tête : jouer au football du mieux qu'ils peuvent !

Je n'ai pas fait exception à la règle. Les dirigeants m'ont fait visiter plusieurs appartements et j'ai choisi un triplex tout près du stade, via Ippodromo, dans une résidence de luxe qui s'appelait Auriga. Puis ils m'ont fait choisir des meubles dans un catalogue. Quand je suis revenu m'installer à Milan, mon appartement était entièrement meublé et une voiture était à ma disposition. Les survêtements, les maillots frappés de mon nom, les sacs, les tenues à l'effigie du club m'attendaient dans mon casier. Tout cela sans bourse délier !

La grandeur du Milan commence là, dans sa capacité à materner ses joueurs pour qu'ils donnent le meilleur d'eux-mêmes sur le terrain. À cela s'ajoutent la perspective de jouer devant un stade de quatre-vingt-dix mille places – dont soixante-treize mille abonnés en 1992 – et l'avantage d'un salaire net d'impôt – c'est le club qui s'en acquitte. Je reconnais avoir réalisé une très bonne opération financière en étant transféré au Milan, puisque j'ai triplé mon salaire. Je considère comme légitime qu'un footballeur soit très bien payé. Non seulement sa carrière ne dure que dix ans environ, mais il est sans arrêt sous pression, que ce soit de la part de l'entraîneur ou du président, des supporters, des médias, du sponsor...

Pour ma part, en raison de mon caractère de compétiteur, je n'ai jamais eu trop à subir cette pression-là. Je dirais même qu'elle a été très souvent un formidable stimulant. J'ai beaucoup plus souffert de l'éloignement de ma famille. En presque quinze ans de carrière, j'ai passé en moyenne deux à trois nuits par semaine à l'hôtel sans compter les nombreux stages qui rythment la saison !

J'ai aussi beaucoup pâti du stress de la blessure. J'ai même assuré mes jambes pour une valeur de quinze millions de francs quand je suis arrivé au Milan. Et puis à Munich, j'ai tardé avant de renouveler mon contrat et je me suis blessé la semaine suivante. Il m'a été impossible de faire jouer l'assurance, mais c'est peut-être grâce à ce petit coup de pouce du destin que je suis revenu au plus haut niveau. Si j'avais bénéficié de mes indemnités, je crois que j'aurais arrêté...

Le stress de la blessure est un stress au quotidien, qui gangrène la vie d'un sportif de haut niveau. Le moindre pépin de santé est souvent amplifié. Un petit rhume est considéré comme une catastrophe. Une petite douleur à un muscle prend une tournure dramatique. Moi aussi, je reconnais avoir été hypocondriaque. J'ai abusé pendant longtemps des aspirines et des anti-inflammatoires. J'ai aussi bu jusqu'à dix cafés par jour ! Aujourd'hui, je suis devenu plus philosophe. Je pense que le corps humain peut se soigner le plus souvent lui-même et que l'absorption de médicaments en grande quantité le fragilise. D'ailleurs, contrairement à beaucoup de sportifs professionnels, je m'autorise le ski et la plongée sous-marine alors que la pratique de ces sports, si elle ne m'est pas interdite contractuellement, est fortement déconseillée.

À Milan, nous nous sommes tout de suite sentis chez nous, dans cette grande ville sans grâce, mais où la culture et l'art de vivre italiens nous ont conquis. J'ai été séduit par la beauté de la langue que j'ai apprise en trois mois, tout seul, avant de partir, à l'aide de cassettes que je me passais à longueur de temps pendant les mises au vert. J'ai aussi apprécié la cuisine de qualité – avec un faible pour les pâtes fraîches, la bresada, les carpaccio et les rizzotos –, les trattoria en général et le restaurant Mister Marlin en particulier, qui propose le meilleur poisson d'Italie dans un cadre extravagant.

Enfin, j'ai été sensible au charme d'un pays que l'histoire a marqué de son empreinte. La civilisation romaine a toujours exercé sur moi une étrange fascination. En voyage à Rome, j'ai pu assouvir ma boulimie d'Histoire en visitant le Colisée, le Panthéon, le cimetière chrétien, le centre historique, Saint-Pierre de Rome... Je regrette de ne pas en avoir fait autant dans toutes les autres villes dont je n'ai vu souvent que le stade et le public enflammé. Combien de fois suis-je resté enfermé dans des hôtels de luxe la veille du match, alors que l'envie me tenaillait d'aller flâner dans les rues de Naples, ou de dîner dans une petite trattoria vénitienne d'un plat de spaghettis accompagné d'un chianti ?

En Italie, j'ai fait des rencontres qui comptent, comme celle de Patrick Popelin ou de Nino Cerruti. Patrick a été un frère pour moi. Nos fils ont fait connaissance dans une école de football de l'Inter et ne se sont plus quittés. Comme souvent, les parents se sont croisés à la sortie de l'école et sur les terrains de foot et ont fini par sympathiser.

Nino Cerruti, lui, je l'avais déjà rencontré aux Jeux olympiques d'Albertville où il m'avait remis le prix d'élégance pour une émission de télévision. Avec ses cheveux grisonnants, sa tenue décontractée et chic et son français parfait malgré un accent italien très prononcé, il m'avait fait grosse impression. Dès qu'il a su que je signais en Italie, il a décidé de frapper un grand coup : il a pris une pleine page dans la *Gazetta dello Sport* pour me souhaiter la bienvenue au Milan AC ! Nous nous sommes retrouvés dans les semaines qui ont suivi et il m'a demandé de représenter sa marque ! Bien entendu, j'ai accepté. J'étais très honoré qu'il ait pensé à moi pour être son ambassadeur dans le monde entier. Le contrat publicitaire portait sur trois ans pendant lesquels nous nous sommes revus régulièrement. À chaque fois, il me stupéfiait par sa gentillesse et sa simplicité. Il avait toujours un mot gentil pour les gens qui travaillaient avec lui. Il faisait montre d'une élégance que je lui enviais. Avant de le connaître, je négligeais ma tenue vestimentaire. J'étais plus souvent en jean, tee-shirt et tennis qu'en costume cravate. C'est à son contact que j'ai pris le goût des belles choses, et notamment des belles « fringues ».

En Italie, j'ai aussi été sidéré par la passion du foot qui touche toutes les couches de la société sans exception : du Premier ministre au balayeur, tous les Italiens supportent un club et font corps derrière la Squadra Azzurra, l'équipe nationale. J'ai aussi apprécié l'attitude très sobre des supporters italiens : ils viennent voir leurs idoles, leurs serrent la main et s'en vont. Ce n'est pas toujours le cas en France, où il faut souvent signer des autographes et parler de la pluie et du beau temps.

Qu'on ne me fasse pas dire ce que je n'ai pas dit ! J'aime mon public et je le respecte énormément. Je sais que je lui dois beaucoup. J'apprécie d'aller à sa rencontre dans toutes les villes de France, de Navarre et du monde entier – ma popularité en Asie me surprend chaque fois que je m'y rends ; à Bali, je ne pouvais pas faire un pas sans qu'on me montre du doigt ! Et puis, moi qui suis chasseur de buts, j'admets tout à fait qu'on soit chasseur d'autographes. Je sais aussi qu'être reconnu dans la rue est la rançon de la gloire et je considère comme mon travail et mon plaisir de passer du temps avec mes « fans ». J'aurais d'ailleurs mauvaise grâce de me plaindre puisque la célébrité présente de nombreux avantages comme ne pas faire trop souvent la queue, visiter des lieux fermés au public, rencontrer d'autres personnalités difficiles d'accès, éviter les procès-verbaux... Les policiers m'ont souvent à la bonne. À peine m'ont-ils reconnu qu'ils rangent leurs carnets de contravention et me demandent un autographe.

Une fois, pourtant, j'ai failli avoir des problèmes. C'était quelques jours avant mon départ de Marseille. J'étais assis avec Florence sur le capot arrière d'une Porsche cabriolet quand nous avons croisé une voiture de police qui roulait en sens inverse sur la voie rapide. Les policiers nous ont fait signe de nous rasseoir, mais j'étais tellement habitué à ce que les gens me saluent que je leur ai fait un petit signe de la main en réponse à ce que je croyais être une marque d'amitié. Fous furieux, ils ont pris le premier embranchement et nous ont arrêtés à la « Starsky et Hutch ». Tout s'est quand même arrangé quand ils m'ont reconnu, mais au prix d'une explication laborieuse...

La célébrité ne présente pas que des avantages. Si je la vis assez bien, elle peut parfois peser sur mon entourage, notamment dans des lieux qui requièrent une certaine intimité tels que le restaurant ou le cinéma. Ainsi, au tout début, Christopher n'appréciait que modérément les sollicitations diverses dans les lieux publics. Sans doute déplorait-il que je consacre beaucoup de temps à des inconnus... Méryl, en revanche, n'a jamais paru incommodée par mon statut de star et par ses à-côtés contraignants. Quant à Aurélie, la dernière, elle s'étonne que tout le monde me demande des autographes, mais trouve normal que son papa passe à la télé certains soirs ! S'il y a bien un pays où je peux me promener dans les rues en toute quiétude, ce sont les États-Unis qui regorgent de stars véritablement planétaires : Michael Jordan, Carl Lewis, Joe Montana...

À Milan, le défi sportif s'annonçait sous les meilleurs auspices possibles, puisque je devais être le seul étranger à venir compléter le fameux trio néerlandais Gullit-Rijkaard-Van Basten. Boban devait être prêté à l'OM dans le cadre de mon transfert et la venue de Savicevic n'était pas à l'ordre du jour. Rien de tout cela ne s'est passé, si bien que nous nous sommes retrouvés six étrangers – tous internationaux – pour seulement trois places comme le voulait la législation d'alors – l'arrêt Bosman n'avait pas encore été promulgué ; depuis, les joueurs européens peuvent jouer où bon leur semble dans la CEE en respect de la libre circulation des travailleurs.

Malgré la concurrence de très haut niveau, je n'ai pas douté de moi, de mes capacités à m'imposer dans la ligne d'attaque, de mon aptitude innée à marquer des buts quelles que soient les conditions de jeu. J'étais le seul français dans le calcio et je tenais à faire honneur à ce statut de privilégié. J'ai pris connaissance de mon nouveau surnom – « Djipipi » – avec plaisir et je me suis mis au travail. Djipipi serait mon sobriquet officiel pendant les deux ans en Italie, mais quelques journalistes m'appelleraient aussi « Arsenio Papin » – en référence à Arsène Lupin – pour quelques buts de voleur que je réussirais...

Milanello, le centre d'entraînement du club, se trouve à soixante kilomètres de Milan. C'est un outil de travail fantastique : les joueurs s'y retrouvent chaque veille de match à San Siro. Chacun a une chambre qui lui est attribuée toute l'année, ce qui est un avantage inestimable : je ne compte plus le nombre de mauvaises nuits que j'ai passées dans les hôtels en raison d'un lit inconfortable ou d'un environnement impropre à la concentration et à la tranquillité.

Je me rendais au centre tous les jours en prenant l'autoroute en direction de Varese. En arrivant la première fois dans ce formidable complexe sportif, je n'ai pu réprimer un mouvement de surprise : toutes les plus grandes stars du ballon rond étaient là, devant moi, en chair et en os. L'espace d'un instant, j'ai oublié que j'en étais une à part entière ! Tous les joueurs et le staff technique m'ont réservé un accueil chaleureux, mais j'ai plus particulièrement noué amitié avec Marco Simone, que j'ai encouragé à venir au PSG quand il en a eu la possibilité. Nous faisions chambre ensemble lors de nos déplacements. Je me souviens de nuits entières passées à jouer aux Play-station et aux Nintendo... J'ai aussi beaucoup sympathisé avec Stephanio Eranio, Pippo Galli, Chicco Evani.

La préparation au cours de l'été a été très éprouvante : les Italiens ne font pas la trêve à Noël et se préparent donc physiquement pour toute la saison. Les séances d'entraînement étaient disputées à fond : chaque joueur essayait d'attirer l'attention de Fabio Capello pour être titulaire le dimanche. Aujourd'hui, j'ai fait la part des choses et je m'aperçois qu'il a été un très grand entraîneur, sans doute même le meilleur que j'ai connu. Il en imposait par son élégance, sa vision du jeu et son autorité. Il avait aussi une conception très particulière du football : il s'y consacrait quelques heures par jour. Le reste de la journée, il n'y faisait plus jamais allusion. Il avait d'autres sujets de conversation, d'autres activités.

Tout son mérite a été de gérer avec brio la constellation de stars qui faisait briller le ciel de Milan. Il donnait la composition de l'équipe le vendredi. J'étais souvent dans les seize, mais il m'est arrivé de ne pas être convoqué du tout ! J'en ressentais une grande frustration, mais j'allais tout de même voir les matchs dans les tribunes de San Siro. Comme tous les autres attaquants, j'ai aussi été abonné au banc de touche. C'était la règle du jeu d'entrer ou de sortir en cours de match, mais j'ai eu beaucoup de mal à l'accepter parce que je n'avais jamais été sur le banc jusqu'alors. À Marseille, cela aurait été incongru : je jouais même blessé ! Aussi, je vivais ma nouvelle condition de remplaçant ou de remplacé comme une punition – à tort.

Avec le recul, l'expérience m'a montré que le nombre croissant de compétitions oblige à faire tourner les effectifs. C'est le seul moyen d'évoluer au plus haut niveau et de jouer sur tous les tableaux. Un joueur professionnel doit être humble devant tous les efforts qu'il doit consentir dans une saison. Il doit économiser son influx nerveux et ménager son corps s'il veut durer et être performant le jour J. Le mérite d'un entraîneur est de réussir à concerner non plus onze, mais vingt joueurs aux résultats du club. Fabio Capello y arrivait fort bien, même au prix de quelques frictions.

Quand il a réuni tous les joueurs en début de saison, il a commencé par dire que c'était lui le patron et qu'il ne souffrait aucune contestation. Nous avons respecté sa position parce que son palmarès plaidait en sa faveur. Quelques joueurs ont quand même fini par rompre la loi du silence et se sont dressés contre lui quand ils n'ont pas compris ses choix. Je pense à Savicevic, à Simone et à moi qui ai cédé à la colère, notamment après le premier match officiel que nous avons gagné 1-0 contre Foggia – but de Massaro. Je suis sorti à la cinquantième minute et j'ai pris directement l'avion pour Paris, où j'allais en stage avec l'équipe de France.

À mon arrivée dans la capitale, j'ai eu la maladresse de dire à un journaliste que je n'étais pas venu à Milan pour jouer les remplaçants de luxe et que je préférais m'en aller plutôt que de « faire banquette ». Je le regrette aujourd'hui. À l'époque, j'étais tout auréolé du ballon d'or et je me croyais irremplaçable. D'autres ont fait après moi la même amère expérience : Roberto Baggio au Milan AC ou Risto Stoïchkov à Parme.

J'aurais dû faire preuve de plus d'humilité et accepter de me mettre au service des autres comme je le fais volontiers à Bordeaux. C'est peut-être la plus grande leçon que le football enseigne et qui se vérifie dans la vie de tous les jours : se servir soi-même, c'est desservir l'équipe – ou les autres ; servir l'équipe, c'est se servir soi-même. L'attaquant de pointe est le seul à échapper à cette règle, car il est là pour conclure un mouvement, finaliser un travail collectif. Pour cela, il doit faire preuve d'individualisme.

À mon retour de stage, j'ai été convoqué par le directeur général qui m'a suggéré de surveiller mes propos, le tout avec beaucoup de suavité et de nuances. Mais j'ai compris qu'il ne fallait pas se répandre dans la presse. D'ailleurs, jamais aucun joueur n'a fait de déclaration fracassante à des journalistes pour régler ses comptes : cela lui aurait valu une amende et une mise à l'écart du groupe. Cette sanction automatique est propre à l'Italie toute entière, car les journalistes sont à l'affût des moindres rumeurs et s'en emparent avec une avidité toute carnassière. La moindre boutade peut se retourner contre un joueur et faire la une des journaux. Une simple petite phrase peut – à leurs yeux – donner lieu à un article tout entier. L'idéal est de ne pas tomber sur eux quand ils n'ont plus rien à se mettre sous la dent, sans quoi ils harcèlent les joueurs sans relâche.

Les journalistes italiens s'en prenaient tout particulièrement à moi parce qu'ils savaient que je répondrais à leurs provocations. Je ne savais pas tenir ma langue et je retrouvais le lendemain, en gros titres, mes propos déformés, manipulés, ce qui m'exaspérait encore plus. Un seul geste de ma part pouvait suffire à justifier un article ! En voici un exemple : si Capello me sortait en cours de match et que je manifestais mon humeur d'un haussement d'épaules excédé, les journaux titraient le lendemain avec : « Jean-Pierre Papin veut quitter le Milan AC. » Les autres joueurs étaient habitués à ces débordements, moi non.

Avec l'expérience, j'avais fait le tri entre ceux qui trahissaient mes propos et ceux qui les relataient avec une certaine objectivité. L'objectivité n'est quand même pas la qualité majeure des journalistes italiens en particulier, et des journalistes sportifs en général – je pense surtout à ceux de la presse. Ils sont à la recherche du scoop, du sensationnel, de l'inédit, souvent au détriment de la vérité. Le foot, parce qu'il est le sport le plus médiatisé en Europe, donne lieu à des dérapages répétés, dans les deux sens. Il m'est aussi arrivé d'avoir une presse dithyrambique en Italie après avoir marqué ma reprise de volée contre Porto ou mon doublé en coupe contre l'Inter de Milan.

En France, la presse est beaucoup plus modérée. Elle se complaît cependant dans des pratiques que je réprouve. Je pense notamment aux notations dans les journaux sportifs telles que les étoiles de *France Football* ou les notes de *L'Équipe*. Jeune joueur, j'y étais très sensible. Puis j'ai pris conscience que toutes ces notations étaient très subjectives, d'autant qu'elles étaient données par des journalistes qui n'avaient jamais évolué au plus haut niveau et qui n'avaient même peut-être jamais chaussé des chaussures à crampons. Moi, je ne me permettrais pas de juger des prestations des joueurs de football américain alors que je ne connais rien à ce sport !

En définitive, je ne lis plus beaucoup la presse sportive aujourd'hui. C'est tout autant pour me protéger que pour ne pas entrer dans un jeu que je condamne. Mais je reconnais tout à fait le droit aux passionnés de foot de s'y plonger avec délectation. Le foot est ce qu'il est grâce au folklore qui l'entoure et aux légendes que les rumeurs font et défont. Il est aussi ce qu'il est grâce au retentissement que les médias veulent bien lui donner.

Milan a aussi été un moment clé dans ma vie familiale. Au début, j'avais dû me résoudre à ne plus voir Christopher et Méryl que pendant les vacances scolaires. Mon ex-femme s'accommodait d'ailleurs fort bien de cette situation. Chaque fois que je venais chercher les enfants chez elle, à Montpellier, elle s'arrangeait pour que je ne puisse pas exercer mon droit de visite. Elle usait de manœuvres dilatoires aussi minables que les maladies diplomatiques ou les absences inexplicables ! Moi, je continuais de verser sa pension sans rechigner, mais je trouvais qu'elle en prenait un peu trop à son aise. Et puis, la situation devenait malsaine : certains mois, mes enfants me voyaient plus souvent à la télé qu'en vrai !

J'ai fini par avoir gain de cause dans des circonstances difficiles. Françoise avait eu un troisième enfant de père inconnu – une petite fille prénommée Marlee – mais la DASS lui en avait retiré la garde parce que le nourrisson souffrait de malnutrition ! Quand j'ai su cela, j'ai appelé mon avocat pour qu'il enquête sur les conditions dans lesquelles mes enfants vivaient : j'ai été stupéfait d'apprendre que Méryl avait été enfermée dans un placard ou baignée tout habillée ! Aussitôt, j'ai demandé et obtenu la garde de mon fils et de ma fille. Florence a tout fait pour qu'ils s'acclimatent le mieux possible en Italie, à leur nouvelle famille.

Un an après, Florence m'a donné une deuxième

fille. Le 4 décembre 1993 est née Aurélie, un petit amour tout blond qui a mes yeux : bleu très clair.

Ces deux merveilleuses nouvelles ont été contrebalancées par la découverte de la lésion cérébrale d'Émily. Tout s'est passé graduellement. Jusqu'à six mois, Émily n'avait présenté aucun signe de retard de croissance ou de lésion quelconque. Elle dormait beaucoup et mangeait très bien. Les pédiatres consultés n'avaient pas décelé d'anomalies. Ils avaient bien noté un léger retard parce qu'elle ne se tenait pas bien assise, mais ils ne s'étaient pas inquiétés outre mesure : tous les enfants progressent à leur rythme. Nous aussi, nous ne nous étions pas alarmés, parce que nous ne comptions pas dans notre entourage proche de nouveau-nés du même âge.

Et puis vers huit mois, nous nous sommes aperçus qu'Émily n'était pas une enfant tout à fait comme les autres : elle ne tenait pas sa tête droite et n'arrivait pas à s'asseoir. Nous sommes donc allés voir un spécialiste qui lui a fait passer un scanner et une IRM (Imagerie de Résonnance Magnétique). À la suite de ces deux examens, le mot fatidique a été prononcé : lésion cérébrale. Mais le spécialiste a enrobé le tout avec des phrases si alambiquées, des mots si compliqués, que nous n'avons pas saisi la gravité de la situation. En fait, nous n'avons pas voulu comprendre. Nous nous sommes voilé la face pour ne pas affronter une vérité qui faisait mal. Et nous nous sommes dit qu'après tout, la nature pourrait très bien remédier elle-même à ce retard qui n'apparaissait pas encore dans toute sa complexité. Un kinésithérapeute venait d'ailleurs deux fois par semaine pour masser Émily. Sa présence nous rassurait, même si nous ne remarquions aucun progrès notoire.

C'est à Milan que nous avons compris la terrible réalité. Nous avons été voir un autre spécialiste qui n'a pas pris de gants, lui, pour nous dire la vérité : « Je ne sais pas ce qu'on vous a dit à Marseille, mais votre fille ne sera jamais normale. Elle devra aller dans un centre durant la semaine et vous la prendrez chez vous le dimanche. »

Florence et moi avons très mal vécu ce diagnostic, notamment parce que notre fille était condamnée tout de suite sans qu'on lui donne une seule chance de guérison. Ce jour-là, je me souviens que nous sommes sortis de l'hôpital la tête basse. Puis nous nous sommes jetés dans les bras l'un de l'autre et avons pleuré toutes les larmes de notre corps, là, sur le trottoir. Il semblait que le ciel nous tombait sur la tête : Émily était la chair de notre chair, le premier enfant de notre jeune couple, mon troisième enfant, et il n'y avait aucun espoir de la sauver ! Nous nous sentions tout à coup seuls au monde.

Mes prestations sportives ont été à l'image de ma vie familiale : controversées. Je ne suis jamais arrivé à m'imposer définitivement à Milan, même si j'ai marqué la bagatelle de vingt et un buts toutes compétitions confondues la première année. J'ai notamment gagné mon pari avec Berlusconi qui ne croyait pas que je marquerais plus de vingt buts en une saison et j'ai passé mes vacances dans la formidable villa sicilienne de son avocat Massimo Berrutti – objet du pari.

Je reconnais avoir été moins percutant la deuxième année, mais au total, j'ai marqué trente buts en soixante matchs joués sous le maillot rayé noir et rouge du Milan AC, ce qui constitue une performance plus qu'honorable si l'on songe que le championnat italien est le meilleur au monde et le plus rugueux sur le plan défensif.

Mon rêve d'association avec Van Basten ne s'est jamais vraiment réalisé parce que Marco s'est blessé dès la première saison. Il avait tellement joué au foot que les cartilages de sa cheville étaient usés. Aujourd'hui, pour marcher, il a une vis qui lui traverse le pied et qui l'empêche de le mettre en extension ! Nombre de footballeurs finissent leur carrière ainsi, avec des incapacités partielles irrémédiables.

La première année en Italie, je me souviens tout particulièrement d'un match de coupe contre l'Inter de Milan, le grand rival, où j'avais marqué deux buts dont l'un d'une talonnade des seize mètres en pleine lucarne. Ce but aurait pu asseoir définitivement ma réputation de « canonnier » si le terrain n'avait été couvert ce jour-là d'une épaisse nappe de brouillard : même dans le stade, les spectateurs ne l'avaient pas tous vu.

Nous n'avons pas gagné la coupe puisque j'ai manqué un penalty en quart de finale contre la Roma à deux minutes de la fin du match retour : ce but aurait dû nous permettre de jouer les prolongations et sans doute de passer le tour. En revanche, nous avons gagné le Scudetto haut la main. J'ai marqué douze fois en championnat et vingt et une fois sur l'ensemble de l'année. Ma prestation a été jugée satisfaisante, mais je n'ai pas joué suffisamment à mon goût.

La deuxième année a été plus compliquée. Même si Rijkaard est retourné à l'Ajax et Van Basten a été blessé toute l'année, le Roumain Raducciu, le Danois Brian Laudrup et le Français Marcel Dessailly sont venus renforcer l'effectif déjà riche de quatre étrangers ! Nous étions sept pour trois places le dimanche, situation de concurrence que je vivais très mal à l'époque. En attaque, des joueurs aussi prestigieux que Savicevic, Laudrup, Massaro, Eranio, Simone ou moi nous battions pour deux places seulement ! Marcel Dessailly, en revanche, s'est imposé assez vite en milieu de terrain. Berlusconi m'avait demandé mon avis à son sujet, je l'ai encouragé à le recruter. Il n'a pas été déçu : contrairement à moi, Marcel s'est très vite adapté au système de jeu milanais et a évolué au milieu, un secteur un peu moins concurrencé que l'attaque.

En 1993-94, j'ai joué peu de matchs, marqué peu de buts – neuf au total – mais ceux que j'ai mis au fond des filets ont été importants. Une fois de plus, Milan s'est approprié le titre tant convoité de champion d'Italie. Curieusement, le fait de jouer ou de ne pas jouer génère du stress. Mais l'un est un stress positif qui permet de se transcender, l'autre un stress négatif qui rejaillit négativement sur le comportement du joueur sur et hors du terrain. Inutile de dire que je n'étais pas très bien dans ma peau de remplaçant.

La coupe d'Europe nous a réservé des fortunes diverses. La première année, après être sortis vainqueurs de la poule de Champion's League avec six victoires en six matchs, nous sommes tombés en finale contre... Marseille, mon club de toujours ! Le Milan AC était donné grandissime favori compte tenu de son parcours parfait, de ses précédentes victoires en coupe des clubs champions et de l'affaiblissement relatif de l'OM qui, disait-on, avait perdu ses meilleurs joueurs à l'intersaison. Mais depuis quelques années, tant en coupe d'Europe qu'en match amical, Marseille était la bête noire du Milan AC, ce qui incitait les dirigeants italiens à beaucoup de prudence.

Nous avons préparé le match à Milanello pendant quatre jours. Les joueurs, habitués à ce genre de rencontres, étaient d'une sérénité qui faisait mon admiration. Moi, j'ai abordé ce match dans une disposition d'esprit un peu particulière : Marseille avait tant compté pour moi ! Mais pour autant, je n'avais pas l'intention de faire de sentiments face à mes anciens partenaires. Seule la victoire m'importait.

La rencontre au sommet de l'Europe s'est déroulée à Munich par une soirée printanière excessivement lourde et étouffante. À mon grand désespoir, je n'ai pas été titularisé d'entrée. Massaro et Van Basten – qui revenait tout juste à son mcilleur niveau mais était encore à court de condition – jouaient aux avant-postes. Ils n'ont pas su saisir leur chance en début de partie, surtout à cause de Fabien Barthez qui a réalisé deux arrêts de grande classe. On a beaucoup glosé sur le fait que j'aurais marqué les occasions que Massaro a raté, mais c'est lui seul qui se les est créées ! On ne refait pas un match avec des « si ».

Comme souvent lors d'une finale, tout s'est

joué sur un coup de poker. Juste avant la mi-temps, Abedi Pelé a tiré un corner au premier poteau. Basile Boli a sauté plus haut que Rijkaard et a marqué un but de la tête qui l'a fait entrer dans l'histoire du sport français. J'ai remplacé Donadoni à la cinquante-huitième minute sous les sifflets des supporters marseillais, mais j'ai été impuissant à inverser le cours de la rencontre. Avec sa « garde noire » composée de Basile Boli, Jocelyn Angloma et Marcel Dessailly, l'OM tenait sa victoire.

La fin du match a été difficile. Je me suis même empoigné avec Dessailly et Eydélie, deux nouveaux joueurs qui feront parler d'eux quelques mois plus tard, l'un en venant au Milan AC, l'autre en étant emporté dans la tourmente de l'affaire OM-VA. Mais il n'y avait rien à dire sur l'issue de la rencontre : grâce à ses vertus collectives et combatives, Marseille faisait un très beau champion d'Europe.

La deuxième année, j'ai pris ma revanche en gagnant enfin la coupe d'Europe des clubs champions. Nous avons fait un parcours moins brillant en poule qualificative avec quatre matchs nuls concédés contre Anderlecht, Porto et le Werder de Brême, mais nous avons été impériaux en demi-finale face à Monaco en les battant 3-0 et irrésistibles face au FC Barcelone en les humiliant 4-0 à Athènes. Je n'ai pas joué la finale, mais je me considère comme un vainqueur au même titre que les vingt-six joueurs professionnels qui composaient le groupe. Nous avons d'ailleurs tous gagné la prime de match très importante ! Le Milan est un grand club qui paie grassement ses joueurs. Entre chaque tour de coupe d'Europe, et ce à partir du quart de finale, nous touchions une prime de plusieurs centaines de milliers de francs par joueur ! En revanche, il n'y avait pas de primes de match en championnat : nous n'avions droit à un bonus que si nous étions champions. Mais quel bonus ! Il faut dire que l'année 1993-1994 revêtait un caractère particulier aux yeux de Berlusconi : il faisait son entrée en politique et avait interdit tout échec, tant en championnat qu'en coupe d'Europe. Il y allait de son prestige et de ses succès électoraux.

Durant mon passage au Milan AC, il y a eu d'autres moments forts comme cette rencontre avec Nelson Mandela lors d'une tournée en Afrique du Sud où nous avons joué contre les Orlando Pirates, vainqueur de la coupe d'Afrique des clubs champions. Nous avons gagné 3-2. J'ai marqué deux buts et reçu le trophée de meilleur joueur du match des mains de Nelson Mandela. Je l'ai revu à une réception d'après-match.

À la fin de la deuxième saison, les dirigeants n'ont fait aucune difficulté pour me laisser partir. Ils ont compris ma volonté d'être titularisé plus souvent et m'ont placé sur la liste des transferts alors qu'il me restait un an de contrat.

D'une manière générale, il ne sert à rien, selon moi, de garder un joueur dans son effectif alors qu'il a émis le souhait d'aller jouer ailleurs. Par exemple, le président de la Sampdoria de Gênes aurait dû laisser partir Karembeu là où il le voulait au lieu de lui imposer une destination. Christian a su tenir bon, faire preuve d'intégrité et je l'en félicite. Aujourd'hui, il évolue sous les couleurs du Real ainsi qu'il l'a toujours souhaité. C'est la meilleure chose qui puisse lui arriver. Mais que de temps perdu, que d'énergie gaspillée ! Non, vraiment, rien ne sert d'aller contre la décision ultime d'un joueur

Même si j'étais très motivé pour partir, je reconnais que j'aurais dû rester au Milan AC ! J'aurais dû écouter ma femme, les entraîneurs, mes amis, et me couler dans le moule de ce club aux titres prestigieux. Mais mon orgueil démesuré, mon ego surdimensionné m'en ont empêché. J'ai les défauts de mes qualités : je suis un gagneur, mais je ne suis pas toujours un bon perdant. Si j'avais fait preuve d'un peu de patience, je serais encore à Milan aujourd'hui et je jouerais sans doute, ni plus ni moins qu'autrefois. Peut-être serais-je devenu une pièce essentielle du rouage milanais, à l'instar de Boban, ou un remplaçant de luxe comme Savicevic. Mais je ne suis pas homme à refaire ma vie avec des « si ». Je suis très heureux d'être allé jouer en Italie car j'y ai noué des attaches durables. Je suis encore de très près les performances mitigées de mon ancien club cette saison 1997-1998, mais je suis sûr que Capello va redresser la barre dans un délai très court. Ce sera la preuve définitive qu'il n'est pas seulement l'entraîneur d'un vestiaire qui gagne comme on le lui a souvent reproché, mais aussi le meneur d'hommes d'une équipe qui perd. Indépendamment de sa réussite personnelle, le Milan est et restera de toute façon un grand club.

Sans fausse modestie, je peux dire aujourd'hui que mes prestations au Milan n'ont pas été appréciées à leur juste valeur en France. Les journalistes italiens, eux, ne s'y sont pas trompés. Même s'ils m'ont longtemps décrié quand j'étais au Milan, ils ont regretté unanimement mon départ prématuré. Les supporters aussi m'ont organisé une sortie en grande pompe. Sur le trottoir devant chez moi, ils sont venus inscrire des phrases telles que « Ne t'en va pas, tu es du Milan » ou « Djipipi, reste avec nous ». Et les *tifosi* de la fosse aux lions, qui est le « kop » du Milan AC, ont tenu à m'offrir une plaquette souvenir lors de mon dernier match. Ce geste m'a beaucoup ému.

Quand je suis retourné récemment en Italie pour le jubilé Baresi, ils m'ont d'ailleurs réservé une belle ovation. Un match opposait l'équipe du Milan AC à une équipe des grandes gloires du football mondial de ces quinze dernières années. Quand je suis arrivé dans le hall de l'hôtel où se tenaient des joueurs aussi fameux que Prudhomme, Gerets, Brehme, Hiero, Romario, Careca, Marc Hateley, Roenald Koeman, Roberto Baggio, Hugo Sanchez, Gian Luca Vialli, j'ai été très impressionné. C'est mon ami Patrick Popelin, Milanais d'adoption, qui m'a remis à ma place :

– Combien y a-t-il de ballons d'or dans cette salle ? m'a-t-il demandé.

– Je ne sais pas. Peut-être deux ou trois, ai-je répondu rêveusement.

– Eh bien, justement ! Tu en fais partie. Tu es star parmi les stars, tu comprends ?

J'ai acquiescé sans conviction. Je n'avais, je n'ai toujours pas pris tout à fait conscience de ma popularité. C'est peut-être la raison pour laquelle elle ne s'est jamais démentie. Je suis resté simple et les gens que je croise le sentent bien.

Tapie-Berlusconi

Bernard Tapie a repris l'OM en juin 1986 à l'instigation de Gaston Defferre, alors maire de Marseille. Il a installé Michel Hidalgo en tant que manager général, ce qui a assuré un retentissement tout particulier à son arrivée. Hidalgo était encore auréolé de la demi-finale de coupe du monde jouée en Espagne contre l'Allemagne. C'était l'une, peut-être la personnalité du monde du football la plus respectée avec Michel Platini.

Bernard Tapie, lui, arrivait fort de ses succès dans le cyclisme, et notamment de son association très fructueuse avec Bernard Hinault. Je ne sais pas si l'on peut dire que j'ai été au football ce que le « Blaireau » a été au vélo pour Bernard Tapie, mais dès le départ, il s'est établi entre nous une relation d'amitié qui ne s'est presque jamais démentie en six ans. Aujourd'hui encore, je lui téléphone assez souvent, comme un fils qui prendrait des nouvelles de son père. Car les liens qui m'unissaient à lui relevaient effectivement de la filiation. J'étais sous son emprise, mais maintenant que le cordon ombilical est coupé, je ressens encore ces liens très forts qui nous ont unis.

Notre première rencontre date de 1985. À l'époque, nous avions quelques points communs. Nous venions tous les deux d'un milieu social défavorisé et nous en étions sortis à la force du poignet – ou de la cheville. Nous étions animés de la même volonté d'arriver et de la même rage de vaincre. Nous étions tous les deux des meneurs d'hommes, lui avéré, moi en puissance. Nous étions aussi têtus l'un que l'autre. Nous avions besoin l'un de l'autre pour exaucer nos rêves. Oui, tout cela nous a sans doute rapprochés, même si mon ambition personnelle se limitait au foot, alors que Bernard voulait réussir dans d'autres domaines.

En le voyant dans son bureau pour la première fois, j'ai été frappé par le rayonnement qui émanait de sa personne. Bernard Tapie, c'était d'abord une présence. Dès qu'il m'a adressé la parole, il a fait montre d'un art de la séduction, d'un charisme qui tenait autant à son physique imposant qu'à sa rapidité d'analyse. Mais le plus frappant était son éloquence passionnée. À son contact, j'ai appris beaucoup.

Bernard était un président hors du commun, qui s'impliquait beaucoup dans son club malgré un emploi du temps démentiel – preuve que l'OM n'était pas seulement son jouet ou sa vitrine comme on a bien voulu le dire, mais le joyau de son empire industriel. La plupart des veilles de match, il venait nous rendre visite au Sofitel. Sa seule présence nous donnait confiance. Lors des stages, il n'était pas rare qu'il passe une journée avec nous pour s'imprégner de la tension d'avant-match et pour se faire une idée du niveau des joueurs.

Le jour des rencontres importantes, il s'investissait totalement dans l'équipe. Il nous gonflait à bloc avec ses discours enflammés où il était question d'orgueil, de combativité et de primes – avant Bari, il nous en avait même promis une très importante par joueur, mais cela n'a pas suffi ! Il vivait l'avant-match et le match aussi intensément que nous. Dans le vestiaire, il communiait avec nous avec une ferveur qui n'appartient qu'aux grands sportifs. Il serrait les mâchoires, se concentrait comme s'il avait dû marquer un but ou tacler un adversaire. J'ai souvent pensé qu'il aurait pu être un athlète de très haut niveau. Il en avait le mental, l'énergie, la hargne. Quand il entrait sur le terrain, le public l'acclamait comme un joueur. À la mi-temps, il s'éjectait des tribunes présidentielles et il déboulait dans les vestiaires à toute allure. Quand le résultat était défavorable, il donnait des coups de pied dans la porte, jetait les bouteilles d'eau par terre, nous invectivait pour piquer notre fierté. Il lui est même arrivé une fois de quitter le stade sans assister à la deuxième mi-temps du match tellement il était en colère.

Sa façon de manager le groupe de joueurs était à son image : passionnelle. Il nous tutoyait tous et entretenait des relations plus ou moins affectives avec chacun d'entre nous. À sa façon, il nous aimait. Il s'adressait aux étrangers en parlant un franglais très étrange, mais ses mimiques et ses gestes emphatiques lui permettaient de se faire très bien comprendre. Quand un joueur ne lui donnait plus satisfaction, il le prenait en tête à tête et lui exposait ses griefs. Une période assez longue s'écoulait, mais si le joueur persistait dans son attitude, Bernard revenait à la charge en public, devant tous les joueurs réunis. Il usait d'une stratégie souvent payante : la vexation. La troisième étape était prévisible : la séparation. Certains joueurs ont fait l'expérience de ce management pragmatique qui laissait sa chance au joueur. Je pense bien sûr à Éric Cantona, mais aussi à Delamontagne, sans doute l'un des plus charmants garçons que j'ai connu mais qui vivait très mal la pression : il entrait sur le terrain pétrifié de peur.

Bernard procédait de la même façon avec les entraîneurs. S'ils avaient des résultats, il s'immisçait peu dans leurs choix. Mais dès qu'ils perdaient de leur influence sur les joueurs, il resserrait l'étau à leur place et intervenait dans la composition de l'équipe. Pour les entraîneurs, les relations avec lui devenaient sinon difficiles, du moins complexes. Ils se devaient d'être conciliants, faute de quoi ils ne faisaient pas long feu sur la Canebière – même Beckenbauer en a fait la douloureuse expérience. À tout moment, Bernard pouvait imposer une certaine tactique de jeu, dicter ses ordres des tribunes par téléphone, tomber dans l'outrance en appelant les entraîneurs très tard dans la nuit ou en décidant unilatéralement la titularisation ou non d'un joueur. Mais tous ces débordements étaient constitutifs du personnage et nous le rendaient sympathique.

Bernard Tapie avait la mainmise sur le club et il ne serait venu l'idée à aucun joueur de le lui reprocher, tant les résultats étaient exceptionnels. Pour nous, il était le « boss », celui qui avait redressé le club et qui pouvait tout se permettre puisque tout lui réussissait.

J'ai déjà dit qu'il ne connaissait pas grand-chose au foot quand il avait racheté l'OM, mais en deux ou trois années, il en avait saisi toutes les subtilités. Sa tactique de jeu reposait prioritairement sur une défense très forte, selon un précepte que d'autres s'étaient appropriés avant lui : gagner, c'est ne pas perdre. Mais au lieu de se cantonner à un jeu purement défensif, il engageait ensuite des attaquants d'exception capables de faire la différence seuls. Il demandait aussi à toute l'équipe de presser le plus haut possible. C'est avec ces principes-là qu'il a donné sa première coupe d'Europe à la France.

J'ai eu des relations privilégiées avec Bernard Tapie. Sans doute m'a-t-il pris sous son aile dès le début parce qu'il a flairé en moi le buteur d'exception. Sans doute aussi a-t-il décelé en moi une grande sensibilité et un besoin presque viscéral de m'inventer un deuxième père auquel je devais m'identifier. Toujours est-il que nous nous sommes pris d'amitié l'un pour l'autre. Nous nous appelions presque tous les jours. C'est lui qui m'a placé dans un climat de confiance tel que j'ai pu évoluer au plus haut niveau et gagner un ballon d'or. Je lui dois énormément.

Chaque fois que j'ai traversé une mauvaise passe, il a toujours répondu présent. Il m'est venu en aide lors de mon démêlé avec le Trésor public, mais à l'époque de mon divorce, il s'est aussi proposé comme médiateur entre mon ex-femme et moi. Il a fait cela, non pour servir ses intérêts, mais pour moi-même. À l'inverse, je n'ai jamais été avare de conseils quand il m'en a demandé. S'il ne m'a jamais consulté pour la composition de l'équipe, il a souvent sollicité mon avis lors des recrutements. Je lui ai notamment donné ma bénédiction pour des joueurs comme Stojkovic, Boli, Bernadet, Huard... Bernard Tapie avait un flair indiscutable pour dénicher des perles rares à des prix raisonnables, valoriser leur talent et les revendre des fortunes. J'en suis le meilleur exemple, mais d'autres peuvent aussi lui être redevables de leur carrière flamboyante – essentiellement des avants-centres tels qu'Allen Boksic ou Sonny Anderson.

En 1989, notre amitié était si forte qu'il m'a proposé de partir en vacances avec toute sa famille. Très flatté de venir partager quelques-uns de ses rares moments d'intimité, j'ai accepté. Christopher, Méryl et moi avons embarqué dans son jet privé qui nous a déposés aux Baléares. Le *Phocéa* mouillait à Ibiza. Nous avons vécu une vie de milliardaire pendant une semaine : cuisine très fine à bord de l'ancien trois-mâts d'Alain Colas, service de grande qualité, hors-bord pour aller sur les plages privées, ski nautique, jet skis, boîtes de nuit à Ibiza d'où nous revenions, Stéphane Tapie et moi, en appelant les hommes de quart par talkies-walkics.

Je n'ai guère vu Bernard Tapie que le week-end. Son travail l'accaparait trop pour qu'il se permette de prendre davantage de temps avec nous. C'était un bosseur hors normes, un homme hyperactif qui dormait très peu. Le voir juste le week-end était certes frustrant, mais je m'entendais très bien avec Stéphane et avec Dominique, la femme de Bernard Tapie, qui lui est en tous points opposée. Tout comme Florence avec moi, elle joue un rôle de régulateur auprès de lui par son calme et son équanimité. Nos familles sont nos points d'ancrage.

Je suis retourné une deuxième fois en vacances sur le *Phocéa* avec ma femme Florence, ainsi que mes amis. Bernard Tapie n'était pas là, mais il nous avait généreusement offert de profiter de son trois-mâts. Nous étions quatre pour quatorze personnes à bord aux petits soins pour nous ! C'était la grande vie.

Nous avons aussi mené grand train à notre arrivée à Milan, où Berlusconi nous a offert une nuit de rêve au bord du lac de Côme, à la Villa d'Este considérée comme l'un des plus beaux hôtels du monde. Le lendemain matin, il a envoyé son hélicoptère nous chercher pour que je signe mon contrat chez lui. Il nous a accueillis dans son magnifique monastère rénové. Les pièces étaient meublées d'antiquités, les murs couverts de tableaux de maîtres. Une grande pièce du monastère tenait lieu de musée personnel. Je me souviens aussi d'une orangerie splendide et d'un salon chinois d'une beauté à couper le souffle.

Notre première rencontre avec Berlusconi est restée gravée dans ma mémoire. Quand nous sommes passés dans la salle à manger, il s'est installé derrière un magnifique piano à queue et s'est mis à parodier une chanson de Trenet intitulée *Il fait des bonds* pour nous souhaiter la bienvenue en Italie. Les paroles avaient été adaptées pour faire l'éloge du footballeur que je suis, mais l'accueil nous laissait un peu perplexes. Nous étions figés devant le piano, Florence et moi, très intimidés.

J'ai paraphé mon contrat avec une certaine satisfaction, puis nous avons déjeuné avec le directeur sportif et Silvio Berlusconi qui suivait un régime. Nous étions assis à une table immense qui donnait une solennité crispante au repas. Après le café, Silvio Berlusconi a remis à Florence une orchidée en argent signée de son nom et j'ai eu droit a une très belle montre et à des cravates aux couleurs du Milan AC. Mon arrivée à San Siro plein comme un œuf a été le point d'orgue de la journée : j'ai survolé le stade en hélicoptère ! Je ne jouais pas le match, mais j'étais présenté aux *tifosi* et à la presse.

Tout comme Berlusconi dans son monastère, Tapie recevait dans son hôtel particulier rue des Saints-Pères, décoré lui aussi de meubles de collection et de toiles de maîtres. Et s'il n'avait pas tout à fait la maîtrise des airs comme son homologue italien, la mer lui appartenait grâce au *Phocéa*... L'un et l'autre faisaient aussi montre d'une grande générosité. Si le « boss » m'a sauvé la mise auprès du Trésor public, « il dottore » n'a pas été en reste le jour de mes trente ans.

À mon insu, Florence avait organisé une soirée dans un restaurant de Milan, Le Ribot, pour fêter mon anniversaire. Elle avait aussi invité nos meilleurs amis, ainsi que des joueurs de Milan et de Marseille. C'était un dimanche soir, après un match difficile que nous avions gagné par le plus petit des scores. Quand je suis arrivé épuisé et de mauvaise humeur à l'appartement, elle m'a annoncé son intention de sortir. J'ai refusé : ma prestation avait été très moyenne, j'avais les jambes lourdes et le moral en berne. Elle a insisté pour que j'accepte, mais j'étais trop las : « Si tu veux y aller, vas-y, mais ne compte pas sur moi. Je suis fatigué et je n'ai qu'une envie : aller m'allonger. »

Finalement, c'est l'avocat du Milan AC qui a réussi à me convaincre de venir en me jurant que Berlusconi voulait me voir. Je me suis rendu au Ribot la mort dans l'âme, mais quelle n'a pas été ma surprise de constater que tous mes proches étaient présents pour fêter mes trente ans ! Berlusconi était là, lui aussi. En partant, il a eu un geste que je n'oublierai jamais et qui permet de mieux cerner le personnage : il m'a offert la soirée et a disparu discrètement !

Les points communs entre Bernard Tapie et Silvio Berlusconi ne s'arrêtent pas là. L'Italien intervenait lui aussi dans la composition de « son » équipe, mais il le faisait peut-être plus discrètement que Bernard. C'est lui qui a imposé à tout le monde, y compris à Capello et à la presse italienne, Savicevic à la pointe du Milan AC. Il lui a suffi de le surnommer « El genio ». C'était sa façon de dire combien il admirait le jeu du Monténégrin et à quel point il le considérait comme la clef de voûte de l'équipe. Savicevic a d'ailleurs fait honneur à ce surnom en éclaboussant de sa classe la finale de la Champion's League contre Barcelone. Mais c'était un joueur très irrégulier – contrairement à moi, chiffres à l'appui. Je regrette d'ailleurs que sa titularisation se soit faite aux dépens de la mienne alors que nous ne jouions pas du tout dans le même registre. Lui était un dribbleur-passeur et moi un finisseur.

Outre des points communs, Silvio Berlusconi et Bernard Tapie ont des parcours similaires. Ils ont fait fortune dans les affaires et ont investi dans les médias. Ils ont la passion du football. Ils sont entrés en politique de la même façon, en réservant à leurs joueurs la primeur de la nouvelle. Ils se sont servis de la puissance médiatique de leur club pour asseoir leur domination sur une ville ou sur un pays. Ils ont été pris dans le tourbillon des affaires. Mais tout ce qu'a entrepris Berlusconi s'est toujours situé un cran au-dessus de ce que faisait Tapie : il dispose d'une plus grande assise financière, d'un club plus titré, d'un parti qu'il a lui-même créé. Il n'y a que dans le domaine judiciaire où il s'est moins illustré que Bernard Tapie, encore qu'il soit placé depuis peu sous les feux de l'actualité pour malversations.

Je voudrais en profiter ici pour mettre les choses au point. Je n'étais plus là quand l'affaire OM-VA a éclaté, mais j'ai mon idée sur la question. Il me semble pour le moins bizarre qu'un président aussi réaliste, aussi intelligent que Bernard ait acheté trois joueurs de Valenciennes alors que le risque de fuites était très important et le titre presque assuré à l'OM ! S'il l'a fait, c'était sans doute davantage pour protéger ses joueurs d'une blessure qui les aurait privés de la finale contre le Milan AC, que pour gagner la rencontre. Quand on y songe, il aurait été si simple à la fédération d'accepter sa demande de report de match !

Aujourd'hui, Bernard Tapie a fait de la prison pour une histoire de corruption, mais tout le monde sait bien qu'il a été victime de règlements de compte politiques. Je ne me permettrais pas de remettre en cause des décision de justice, mais j'ai le sentiment que les juges et les médias se sont beaucoup acharnés sur lui si l'on tient compte de tous ceux qui sont passés entre les mailles du filet, du président du Crédit lyonnais aux trésoriers des partis politiques en passant par les affaires touchant à la distribution des eaux.

Truquer un match me semble difficile. À moins d'acheter un arbitre, j'imagine mal qu'on puisse corrompre une équipe ! A-t-on jamais entendu un entraîneur demander à ses joueurs de lever le pied ou de laisser gagner l'équipe adverse ? Et ne serait-ce pas une prise de risque extrême que de contacter des joueurs au hasard pour qu'ils jouent mal ? Depuis l'affaire OM-VA, j'ai repensé à tous les matchs que j'ai joués avec Marseille et je n'ai pas souvenir qu'un seul ait pu être arrangé. Le seul qui m'ait paru suspect est un OM-Athènes durant lequel l'arbitre avait commis une grossière erreur d'arbitrage : il avait refusé d'entrée de jeu un but aux Grecs pour siffler un coupfranc en leur faveur !

Malgré tout ce qui les rapproche, Bernard Tapie et Silvio Berlusconi diffèrent sur bien des points. L'Italien est tout petit alors que le Français a une masse physique qui en impose. Berlusconi est issu d'une famille aisée, Bernard, lui, s'est hissé au rang des puissants de ce monde par sa seule volonté. Ils sont de bord politique opposé. Ils n'ont pas non plus la même conception du management. Berlusconi incarne l'Italie du Nord : il est très élégant, distant, d'humeur égale. Tapie est le fils spirituel de Marseille, avec ses éclats de voix et ses marques d'affection, ses sautes d'humeur et ses gestes de générosité. Berlusconi gère son équipe avec courtoisie mais fermeté, Tapie joue sur le physique et l'affectif.

Les deux clubs sont d'ailleurs à l'image des villes qu'ils représentent et des présidents qu'ils ont eus à leur tête. Le Milan AC est un monstre d'organisation, l'OM a des poussées de fièvre salutaires. Le Milan AC est propriétaire de Milanello, l'OM change de terrains d'entraînement toutes les semaines – sauf la dernière année où nous nous sommes installés à la Commanderie. Le Milan AC impressionne par sa rigueur et son organisation de jeu, l'OM fait feu de tout bois en jouant sur la « niaque », la sincérité et la spontanéité.

Ce qui a perdu Bernard Tapie et Silvio Berlusconi – ou ce qui les perdra – c'est leur soif de pouvoir. Moi, je me désintéresse du pouvoir. Et je n'ai pas non plus de goût pour la politique. En réalité, je n'ai jamais eu l'intention de m'écarter de ma route de prédilection : le football.

À présent que Bernard Tapie a fait de la prison, je remarque que l'histoire de l'OM se répète cruellement. À la fin des années soixante, un certain Marcel Leclerc racheta le club. Dès son arrivée, il eut l'idée d'instaurer des primes de victoires, de classement, d'efficacité, d'affluence et surtout de très fortes récompenses en cas de première place – ce qui était une grande première à l'époque ! Sa politique de recrutement de stars (Skoblar, Magnusson) fit jouer au club les premiers rôles dans le championnat et lui permit de réussir son premier doublé en 1971-1972.

Marcel Leclerc avait les défauts de ses qualités : il est visionnaire, chanceux, persuasif, mais il avait une fâcheuse tendance à s'impliquer dans la composition de l'équipe et un côté dictatorial qui exaspérait la plupart des entraîneurs. Un seul acceptait d'endurer ses lubies et de supporter ses coups d'éclat : Mario Zatelli – comme Goethals, plus tard, s'accommoderait de Tapie. Tout semblait sourire à Marcel Leclerc qui plaça l'OM au sommet de la France en deux coups de cuiller à pot. Et puis, tout juste quarante jours après le fameux doublé historique, coup de théâtre : il fut accusé de malversations et exclu du monde du football après avoir tenu tête aux instances fédérales.

À chaque fois, je ne peux m'empêcher de penser à la similarité de trajectoires de Marcel Leclerc et de Bernard Tapie. Tous les deux ont été traînés dans la boue, puis sont retombés dans l'anonymat sans que personne ne lève le petit doigt pour eux. Eux qui avaient tant fait pour l'OM ! Eux qui ne méritaient assurément pas une fin aussi dégradante ! L'histoire du football français leur rendra peut-être justice un jour.

En Allemagne au Bayern de Munich

Dès le milieu de la deuxième année, j'ai fait part aux dirigeants milanais de mon envie de changer d'air. Ils ont écouté ma requête sans sourciller et y ont accédé avec beaucoup d'affabilité.

Le Bayern de Munich s'est mis tout de suite sur le rang, ainsi que quelques clubs japonais et un club anglais. Mais c'est le club allemand qui a polarisé mon attention. La présence de Trapattoni, l'entraîneur le plus capé d'Italie, a influencé ma décision : je me suis dit que deux Latins pourraient tirer leur épingle du jeu dans un club où évoluaient des joueurs aussi fameux que Lothar Matthaüs, Thomas Helmer, Mehmet Scholl, Oliver Kahn, Markus Babbel, Christian Ziege...

J'avais aussi la conviction intime que le football outre-Rhin me réussirait. Depuis la fameuse séquence des buts étrangers diffusés dix ans plus tôt sur Stade 2, l'Allemagne exerçait sur moi une séduction inconsciente mais forte. J'avais en mémoire les tirs des trente mètres dans la lunette, les reprises de volées de Karl-Heinz Rummenige et les montées victorieuses de Franz Beckenbauer.

Justement, c'est le Kaiser qui a insisté pour que je vienne. Depuis son séjour à Marseille, il avait conservé une bonne opinion de moi et souhaitait relancer ma carrière en Bavière.

Quand le vice-président Rummenige m'a contacté, j'ai fait fi de tous les avis de mon entourage qui me déconseillaient d'y aller, y compris Florence qui n'avait pas envie de vivre là-bas et mon père qui me disait qu'aucun Français ne s'était jamais imposé dans ce championnat. Ma priorité était : jouer, jouer et jouer. J'avoue que je n'ai pas fait attention à la qualité de vie que nous avions à Milan, ni à mon entourage proche qui allait en Allemagne en traînant les pieds. Je n'ai pas non plus pensé une seconde que le nom de Munich était associé à deux de mes plus mauvais souvenirs sportifs : la défaite des Stéphanois en finale de la coupe des clubs champions en 1976 et ma propre défaite dans le stade olympique contre Marseille l'année passée. Quinze jours plus tard, le Real de Madrid se manifestait, mais il était trop tard : j'avais promis aux dirigeants munichois !

Notre arrivée en Allemagne a été un peu moins médiatisée qu'en Italie, mais l'accueil que les dirigeants et les joueurs nous ont réservé a été sympathique. L'acclimatation a été plus longue qu'à Milan en raison de la langue qui constituait un obstacle plus important pour ma famille. Pour

*Février 1991. France-Espagne,
au Parc des Princes, match qualificatif
pour l'Euro 1992.*

*1991.
Le Ballon d'Or décerné
à Jean-Pierre Papin.*

© C. Liewig/TempSport

25 avril 1992.
Dernier match de Papin sous les couleurs de l'OM.
Des adieux émouvants au public du Vélodrome.

© C. Liewig/TempSport

© F. Richiardi/TempSport

Saison 1992-1993 au Milan AC.
Ci-contre. *Août 1992.*
Premier match de Papin
lors d'un derby contre l'Inter.
À gauche, Bergomi.

© Magni-F. Richiardi/TempSport

Les émotions de la vie d'un joueur.

Ci-dessus. *1994. Coupe d'Europe des clubs champions à Athènes. Autour de Papin, le fils du président Galliani et Van Basten.*

Ci-contre. *Joie de Papin pendant le championnat de France 1996-1997.*

Ci-dessous. *Retrouvailles avec le Vélodrome sous les couleurs de Bordeaux. Papin salue Köpke, le gardien international allemand de l'OM à la fin du match.*

© J. Prevost/TempSport

Les grands gestes du buteur.
Ci-dessus. *Une des reprises de volée qu'affectionne Papin.*
Ci-dessous. *Détermination et concentration sous le regard de son coéquipier Ibrahim Ba.*

© C. Liewig/TempSport

1990. Méryl, à trois ans.

1997. Aurélie, à quatre ans.

1990. Christopher, à six ans, au Vélodrome.

1997. Méryl (onze ans) et Aurélie.

1997.
Avec Aurélie au zoo de La Teste dont Papin est le parrain.

1992.
Christopher dans la Ferrari de Jean Alési.

1997. Émily, sept ans, et Jean-Pierre.

moi, en revanche, j'ai eu plus de facilités que mes enfants puisque j'avais étudié l'allemand pendant six ans durant ma scolarité.

Nous nous sommes installés dans une villa en bordure de forêt, à Grünwald, l'équivalent de Cinecitta en Italie. Tous les acteurs et les metteurs en scène célèbres y avaient habité du temps où les studios tournaient à plein régime. Comme à Milan, Christopher et Méryl sont allés au lycée français de Munich, condition *sine qua non* pour que mon transfert se réalise. Cela ne les a pas empêchés d'apprendre à parler allemand. Aujourd'hui, Christopher peut se targuer de maîtriser trois langues étrangères : l'italien, l'allemand et l'anglais qu'il apprend à l'école. Méryl parle encore bien italien, mais elle a « oublié » l'allemand. Je suppose que tous ces voyages leur ont ouvert l'esprit et que l'apprentissage de toutes ces langues ne leur sera pas inutile.

Méryl est encore trop jeune pour savoir ce qu'elle veut faire plus tard, mais Christopher ambitionne de devenir footballeur. Je ne le force pas à marcher sur mes traces, mais je confesse que cela me fait plaisir. Pour autant, je tiens à ce qu'il prenne sa décision seul, sans influence aucune. Je ne veux pas qu'il regrette un jour son choix et qu'il m'accuse de l'avoir forcer à suivre l'exemple d'un père qu'il idolâtre comme tous les fils de son âge. Pour lui, se faire un prénom dans le monde du football sera un vrai challenge. Le nom de Papin est très dur à porter. Il a à peine treize ans et les joueurs qui le marquent ont déjà le sentiment de jouer contre le père, et non contre lui.

Il m'arrive souvent de « taper le ballon » avec Christopher. Il a du talent, mais seul le travail pourra le valoriser. Il ne s'est pas encore déterminé pour un poste précis : il joue plutôt numéro dix, en soutien des attaquants. Pour l'instant, il ne voit que le côté ludique du football et il a bien raison. Moi, j'ai commencé à avoir la flamme à quatorze ou quinze ans. Il a encore le temps de décider s'il veut ou non faire carrière dans ce sport, même s'il est question de l'inscrire en sport-études.

À Munich, rien ne laissait prévoir que mon calvaire de footballeur allait commencer. Pourtant, c'est en Allemagne que j'ai vraiment porté ma croix, en raison d'une grave blessure au genou mal diagnostiquée. Tout a commencé par une préparation physique démentielle en juillet-août. Au lieu de multiplier les séances d'entraînement comme dans tout club professionnel digne de ce nom, nous avons enchaîné match sur match contre des amateurs ou des professionnels. En tout, nous avons joué dix-sept matchs en six semaines, soit presque une demi-saison, sans faire du tout de foncier !

Cette préparation étonnante a eu une incidence évidente sur ma blessure. Comme le « Trap » me faisait confiance, j'ai été titularisé à tous les matchs. J'ai beaucoup marqué, je me suis donné à fond comme à mon habitude, mais j'ai ressenti une grande lassitude physique fin août. À cette époque, le Bayern était opposé à un club amateur en coupe d'Allemagne. Je n'ai pas vu arriver un tacle par-derrière et je me suis brisé le ménisque. Pour l'anecdote, nous avons même perdu 1-0.

Jusqu'à présent, j'avais été préservé des blessures graves – hormis mon accident à l'âge de dix ans. Aussi, quand le médecin du club a conseillé une opération qui aurait dû être de routine, je me suis rendu à Zurich la mort dans l'âme. Florence ne pouvant m'accompagner, j'ai appelé Christian Zéroukian pour qu'il vienne me soutenir moralement. Il est arrivé très tôt le matin et s'est dirigé tout de suite vers la salle de réanimation : « Est-ce que quelqu'un parle français ? a-t-il demandé à la cantonade.

– Oui, moi, ai-je eu la présence d'esprit de répondre avant de sombrer dans une profonde léthargie. »

Même anesthésié, je suis toujours sur le qui-vive !

L'opération s'était déroulée parfaitement bien en apparence, mais je ressentais une étrange douleur derrière le genou. Je me suis remusclé la jambe pendant quinze jours et j'ai repris l'entraînement avec cette souffrance lancinante que je mettais sur le compte des douleurs post-opératoires. Au bout de quelques jours, l'élancement était tel que j'ai décidé de m'arrêter une semaine de plus. Cela n'a pas été suffisant !

Quand je suis revenu, je me suis écrasé les cartilages du genou qui avaient dû être endommagés lors de l'opération. Mon erreur a été d'avoir repris l'entraînement trop vite la première fois, mais c'était avec la bénédiction du médecin du club, Müller Wohlfahrt. À aucun moment il n'a cherché à analyser ma douleur : il s'est contenté de me prescrire des piqûres pour me ponctionner parce que mon genou enflait dès que je forçais.

Le staff technique a mis la pression pour que je retrouve mon niveau au plus vite et les journalistes ont commencé à parler de maladie imaginaire. Quelle campagne intolérable ! J'ai en mémoire un match de quart de finale de Champion's League contre Göteborg où il y avait onze blessés dans l'équipe. Le Bayern a même joué sa demi-finale contre l'Ajax d'Amsterdam avec la moitié de son effectif empruntée à la réserve ! Ces deux exemples prouvent, si besoin était, que la préparation d'été laissait à désirer. Elle était trop dure, mal adaptée aux exigences du football moderne, dangereuse pour les joueurs.

Malgré ma douleur – j'avais l'impression qu'on m'enfonçait une épingle derrière le genou chaque fois que je courais – je suis revenu lors d'un match à Kiev, en Champion's League, où j'ai marqué deux fois et j'ai offert deux buts à mes partenaires.

J'ai enchaîné avec un match Milan-Bayern qui avait été organisé dans le cadre de mon transfert. Le soir même, j'ai rencontré deux journalistes italiens en qui j'avais confiance. Nous avons parlé à bâtons rompus de mon acclimatation en Allemagne et des affaires qui agitaient le monde du football, tout particulièrement à Marseille. Ils ont évoqué le match OM-VA et j'ai parlé des bruits qui couraient en Italie selon lesquels Marseille avait peut-être acheté la finale contre Milan. Mais à aucun moment, je n'ai cru à cette thèse. J'en ai simplement fait part dans la conversation comme on relate des rumeurs absurdes lues dans *Gala* ou *Voici*, tout simplement parce qu'elles sont tellement absurdes qu'elles en deviennent cocasses.

C'est ainsi qu'a explosé la bombe lancée par les deux journalistes et dont j'étais censé être l'artificier. « Papin : la finale achetée ! » titraient la plupart des grands journaux italiens le lendemain alors que des hommes tombaient par centaines au même moment en Bosnie ! J'ai dû faire appel à maître Lombard pour me défendre. L'affaire est retombée très vite en Italie, parce que les *tifosi* sont habitués à ce genre de titres à scandale qui ne servent qu'à faire vendre du papier, mais elle a fait grand bruit en France, et notamment à Marseille où mon image a été ternie. Tous les journaux provençaux ont fait leurs choux gras de ces révélations qui n'en étaient pas.

Ces attaques m'ont beaucoup peiné, mais elles ont servi de déclic. À partir de ce jour-là, j'ai changé d'attitude avec les médias. Je m'étais fait piéger par des petits journalistes et je n'entendais plus me faire piéger à nouveau. Aujourd'hui, lors des conférences de presse, je suis tranquille, banal, sans aspérités, de manière à ce qu'on ne puisse rien utiliser contre moi, pas même la plus petite phrase ambiguë.

Mon retour sur les terrains d'Allemagne a été de courte durée. La douleur derrière le genou était devenue si aiguë que l'idée de chausser des chaussures à crampons m'était insupportable. Le spectre de Van Basten se profilait de façon inquiétante. J'ai donc pris l'initiative d'aller à Marseille voir le professeur Franceschi en qui j'avais entière confiance. Il m'a fait une IRM qui a montré que mes os du genou frottaient l'un contre l'autre en raison de la disparition du cartilage. À la lecture des résultats, j'ai vu son visage s'assombrir : « Tout cela est très alarmant. Je pense qu'il va falloir opérer », m'a-t-il dit.

L'opération qu'il proposait était très risquée, mais il n'a pas osé me dire que c'était un quitte ou double : ou elle fonctionnait et je recouvrais la pleine possession de mes moyens, ou elle capotait et je pouvais dire adieu au foot ! Il a préféré en avertir Florence et Christian. Je suis donc allé dans le bloc opératoire dans des conditions psychologiques idéales, d'autant qu'un malentendu me laissait espérer en une reprise rapide. Le docteur Franceschi m'avait dit : « Dans six ou huit semaines, vous pourrez reprendre. »

Dans mon esprit, cela signifiait que je pourrais rejouer. Dans le sien, cela voulait simplement dire que je pourrais remarcher à peu près normalement !

Quand je suis revenu de Marseille et que j'ai fait part à Müller Wohlfahrt de l'imminence de l'opération, il est entré dans une colère noire. Des joueurs du monde entier venaient se faire osculter chez lui alors que moi, j'avais choisi d'aller voir un autre spécialiste qui, de surcroît, mettait son diagnostic en cause. Il a quand même accepté le principe de l'opération à condition de dépêcher un émissaire pour y assister !

Deux mois après l'opération, je suis rentré en Allemagne pour faire une rééducation intensive, mais mon genou continuait d'enfler. C'est à ce moment-là que j'aurais eu besoin d'un vrai soutien médical, mais le médecin du Bayern m'a démoli moralement. Il m'a répété à longueur de journée que ma carrière était finie, que je ne rejouerais jamais plus au football.

Début avril, j'ai fini par retourner à Marseille où je me suis fait plâtrer pour immobiliser ma jambe. Pendant trois semaines, j'ai été insupportable avec mon entourage. Les journées s'écoulaient avec une lenteur désespérante pour un hyperactif comme moi, les béquilles m'apparaissaient non comme une aide, mais comme un obstacle à mes déplacements. Quand on m'a enlevé le plâtre, je n'ai pas été aussi soulagé que j'aurais dû l'être : non seulement ma jambe était complètement atrophiée, mais mon genou s'est remis à gonfler anormalement dès que j'ai repris la marche !

Müller Wohlfahrt a finalement décrété qu'il fallait m'enlever la capsule synoviale qui contient un liquide sécrété par le corps humain servant à lubrifier les articulations. Il a présenté cette solution comme l'ultime recours avant la retraite anticipée. En sortant de son cabinet, j'ai pris l'avis de Franceschi. Le spécialiste marseillais a été très clair : « Surtout, ne faites rien pour le moment. Il y a encore trois ou quatre examens à faire avant de décider quoi que ce soit. S'il y a une chance d'échapper à l'opération, il faut la tenter. Et s'il faut opérer, c'est moi qui m'en chargerai ! »

Une rencontre au sommet a donc eu lieu à Munich entre les docteurs Müller Wohlfahrt et

Franceschi qui devaient décider de mon avenir. Tout concourait à une confrontation musclée entre eux, mais l'Allemand n'a pas daigné venir. Une fois de plus, il a préféré se faire représenter par son assistant le docteur Peter, qui ne parlait qu'allemand. Ulli Hoeness, le manager général du club, a donc offert ses services : Franceschi parlerait en anglais et lui-même traduirait au docteur Peter. Sur place, je me suis aperçu que le professeur français parlait mal l'anglais. Le rendez-vous s'annonçait soudain sous de très mauvais augures. J'ai cru que j'allais être hospitalisé une deuxième fois sur un malentendu et j'ai décidé d'employer les grands moyens : j'ai traduit les propos de Franceschi en italien, et Rummenige, qui avait joué longtemps dans le Calcio, les a retraduits en allemand. Ce double filtre a permis d'aboutir à une solution rapidement, sans polémiquer. Au final, c'est même Rummenige qui a assumé la décision de me confier à Franceschi pour deux examens supplémentaires : un scanner et une scintigraphie.

La scintigraphie a montré que je faisais une algodystrophie, c'est-à-dire une décalcification des os assez classique après le type d'opération que j'avais subie. On a dû me faire des injections par le pied et me mettre des blocs au Fonsilane sur les cuisses pour que le produit ne circule qu'au niveau du genou, mais cette fois, le mal était identifié et la guérison en vue. Je n'ose imaginer ce que je serais devenu si j'avais fait confiance à Müller Wohlfahrt !

Six semaines plus tard, ma jambe avait perdu toute musculature, mais mon genou était comme neuf ! J'ai pu recommencer à trottiner au mois de mai, alors que la saison touchait à sa fin. À la mi-juin, j'étais très désireux de passer l'été en France avec ma famille. J'ai alors demandé l'autorisation à Beckenbauer d'aller dans notre maison d'Aix-en-Provence, dans un environnement familier qui serait plus propice à mon rétablissement. Il a accepté quand il a su qu'un ami kinésithérapeute allait se consacrer entièrement à ma rééducation en me concoctant un programme approprié. Jérôme Bianchi est un ancien arrière international de rugby reconverti dans la médecine sportive. Nous nous sommes rencontrés à mon retour de Munich et nous avons aussitôt sympathisé. Il me massait tous les matins et m'accompagnait tous les soirs dans de longs footings. C'est grâce à lui et au professeur Franceschi que j'ai pu recouvrer mes moyens physiques dans des délais raisonnables ; à cause de Müller Wohlfahrt que j'ai perdu six mois et pensé mettre un terme à ma carrière.

Cette blessure à rallonge ne m'a laissé que des regrets : je suis sûr que j'aurais réussi une grande saison si j'avais récupéré mon genou plus tôt. Mais entre août 1994 et août 1995, j'ai joué seulement trois matchs ! Et je n'ai touché mon salaire qu'à hauteur de 50 %, puisque je n'avais pas renouvelé mon contrat d'assurance qui aurait dû me payer le complément.

Fin juin, j'étais de nouveau à disposition du Bayern, mais j'appréhendais beaucoup la préparation physique qui avait été la cause de tant de blessures dans l'effectif. J'ai donc appelé Franz Beckenbauer pour lui demander une deuxième faveur : qu'il me laisse me préparer seul à Aix-en-Provence, en compagnie de Jérôme. Attentif à mes problèmes et persuadé de ma bonne foi, il a donné son accord. Il a eu raison. Quand je suis revenu en août, j'avais une jambe en parfait état et une santé de fer. Mais d'autres problèmes m'attendaient...

Entre-temps, de nombreux bouleversements avaient mis le club en effervescence. Trapattoni, dit le « Trap », avait été démis de ses fonctions et remplacé par Otto Rehhagel. Chaque fois que les résultats ne suivent pas, les dirigeants tirent sur l'ambulance : l'entraîneur ! C'est le premier fusible qui saute. Je considère que c'est injuste. Comme tout le monde, je reconnais que l'entraîneur a sa part de responsabilité en gérant la préparation du match et en composant l'équipe, mais une fois que les joueurs sont entrés sur le terrain, il est souvent impuissant. S'ils ne veulent pas mouiller leur maillot pour une raison ou pour une autre, il ne peut quand même pas jouer à leur place ! Or il n'est pas si rare que des joueurs refusent de briller pour accélérer leur départ, régler des problèmes d'ordre financier avec le club ou pire encore, pour enfoncer un coach mis sur la sellette. Inutile de dire que je condamne ce genre de pratiques : chaque fois que j'ai joué, j'ai tout donné.

Dans le courant du mois de décembre, on a beaucoup parlé de « l'affaire » Pedros après son double transfert de Nantes à l'OM et de l'OM à Parme en quelques mois. On lui a notamment reproché de ne pas jouer à fond à l'OM pour se faire transférer vers un autre club. Si c'est le cas, il a été victime de son agent qui touche un pourcentage sur le montant de chaque transfert et qui a donc intérêt, comme tous les agents, à ce que les joueurs qui sont sous contrat avec lui changent de club le plus souvent. Pour ma part, j'ai souvent travaillé avec Frédéric Dobrage, avec lequel je garde de bons rapports.

Le « Trap » n'a pas réussi à s'imposer au Bayern parce qu'il a essayé d'inculquer une culture tactique à des joueurs qui n'étaient pas très réceptifs à son discours. Lothar Matthaüs était peut-être le seul, avec les étrangers, à être favorable à cette approche très élaborée du football : il avait lui-même évolué à l'Inter et savait tout le bien-fondé d'une stratégie de jeu au plus haut niveau. Mais en tant que leader naturel de l'équipe, il reconnaissait qu'il était difficile à Trapattoni d'imposer ses vues aux joueurs allemands. Dans l'ensemble, ceux-ci considéraient comme une punition de travailler des schémas de jeux précis et ne se gênaient pas pour le faire savoir.

L'entraîneur italien a donc échoué, en partie à cause de la mentalité italienne si différente de la mentalité anglo-saxonne, en partie aussi à cause de la langue qu'il maîtrisait très mal. Depuis lors, il est revenu aux commandes du Bayern et obtient aujourd'hui des résultats très satisfaisants. Sans doute a-t-il mis de l'eau dans son vin, et les joueurs du vin dans leur eau. Plus que tout autre, j'ai regretté son départ parce que je me sentais proche de sa conception du football. Il inspirait naturellement le respect et en imposait par sa classe et ses coups de gueule. S'il était resté, ma carrière eût sans doute pris un nouvel élan.

Après l'arrivée d'Otto Rehhagel qui a été l'un des moins bons entraîneurs que j'ai connus, deux autres arrivées ont fait sensation au Bayern : Klinsmann, l'avant-centre de l'équipe d'Allemagne, et Émile Kostadinov, le bourreau de l'équipe de France lors des phases qualificatives pour la coupe du monde. Je pensais sympathiser avec Klinsmann et rester en froid avec Kostadinov, c'est l'inverse qui s'est produit. Klinsmann considérait qu'il était le centre du monde et refusait de jouer avec moi devant, pensant sans doute que j'allais marquer plus de buts que lui – à juste titre. Il touchait aussi un pourcentage sur les maillots vendus à son effigie et se doutait que plus il marquerait de buts, plus il vendrait de maillots – toujours à juste titre. Il préférait donc jouer seul en pointe avec cinq milieux de terrain pour être sûr d'être le seul à marquer. Kostadinov aussi faisait les frais de son individualisme forcené, puisque Otto Rehhagel cédait à tous les caprices de l'Allemand sous prétexte qu'il était l'avant-centre de l'équipe nationale.

Je ne veux pas me servir de ce livre pour régler des comptes, mais je ne peux pas passer sous silence l'affront insupportable que m'a fait Klinsmann. Dans ma carrière, j'ai multiplié les petites escarmouches avec des joueurs ou des entraîneurs, mais elles n'ont jamais été vraiment sérieuses. Je suis un Scorpion : même quand tout va bien, j'ai besoin d'une tête de turc qui va aiguiser ma colère et canaliser mon adrénaline. Yannick Noah s'invectivait sur le court pour s'encourager, moi j'entre en conflit ouvert avec une personne pour me motiver. Mais avec Klinsmann, j'avoue que ma colère était légitime. J'ai découvert en lui le plus fourbe et le plus cynique des individualistes – pour rester poli.

À cause de lui, je passais le plus clair de mon temps sur le banc de touche, à discuter avec Émile Kostadinov des deux buts assassins qu'il nous avait marqués au parc des Princes, dont l'un à trente secondes de la fin. Il reconnaissait qu'il avait eu un taux de réussite exceptionnel, mais il disait aussi que la force de la Bulgarie était d'avoir toujours cru en ses chances. Elle l'a d'ailleurs prouvé aux États-Unis puisqu'elle a fini troisième de la coupe du monde.

Émile et moi nous entendions d'autant mieux que nous étions tous les deux étrangers et mis à l'écart. La bonne maîtrise de la langue était une barrière presque infranchissable qui suffisait à nous rejeter hors de l'équipe. Mais nous avons aussi souffert de discrimination. Je soupçonne notamment certains joueurs de nous avoir privés de ballons à dessein, quand toute l'équipe jouait pour Klinsmann. C'est une pratique assez courante dans le football de haut niveau. Quand un joueur nouveau arrive dans un club ou que sa tête ne revient pas à ses partenaires, il est sevré de ballons. Les conflits qui déchirent une équipe peuvent aussi rejaillir sur le terrain et se traduire par la formation de clans qui jouent presque exclusivement ensemble au détriment du résultat !

Je reconnais que moi non plus, je ne suis pas exempt de tout reproche : je me suis aussi prêté à ce jeu-là quand il s'agissait de punir un joueur qui s'était mal comporté sur ou en dehors du terrain. Je ne peux donc pas en vouloir aux joueurs allemands, mais cela ne m'empêche pas de garder une dent contre Otto Rehhagel. Non seulement il se faisait manipuler par Klinsmann, mais il lui est même arrivé une fois de tenir des propos xénophobes à l'encontre d'adversaires de couleur ! Heureusement, la réaction des joueurs a été unanime : pas de racisme au Bayern.

Pour finir, le fameux Otto Rehhagel a été « démissionné » à son tour en fin d'année et Beckenbauer a pris sa suite. Il a mené le Bayern à la victoire en coupe de l'UEFA contre Bordeaux, club que je rejoindrais l'année suivante. Les voies du football sont impénétrables...

Si mon bilan sportif s'est quand même soldé sur un échec, le passage en Allemagne m'a quand même permis d'ajouter un titre de plus sur ma carte de visite déjà bien remplie : vainqueur de la coupe de l'UEFA en match aller-retour. Nous avons gagné 2-0 à Munich, alors que ni Zineddine Zidane, ni Dugarry ne jouaient. Je n'ai pas marqué, mais j'ai sauvé une balle sur la ligne sur une tête de Dogon. Au match retour, à Bordeaux, nous avons gagné 3-1 grâce à Scholl, Kostadinov et Klinsmann. Je me suis morfondu dans les tribunes du parc Lescure à cause d'un stupide carton jaune pris à l'aller et qui me coûtait une suspension automatique d'un match.

Après la finale, j'ai célébré la victoire avec les joueurs du Bayern au Sofitel, mais vers minuit, Gaëtan Huard m'a appelé pour me demander de le rejoindre dans un Tex Mex au centre de Bordeaux. Malgré la défaite, tous les joueurs bordelais s'y étaient réunis pour fêter leur étonnant parcours en coupe d'Europe : sortis de la coupe Intertoto, ils avaient été jusqu'en finale de l'UEFA ! Je ne me suis pas fait prier pour aller les retrouver. J'ai passé une partie de la nuit avec eux, puis je suis allé me coucher au Sofitel en réglant mon réveil sur huit heures.

Quand j'ai émergé d'un long sommeil réparateur, il était onze heures du matin. J'ai arpenté les longs couloirs, frappé à des portes, interrogé le standard, mais il n'y avait plus trace des joueurs ni des dirigeants du Bayern. J'ai dû me rendre à l'évidence : ils étaient retournés en Allemagne sans moi ! L'incroyable était advenu : ils m'avaient oublié, à moins qu'ils n'aient guère apprécié mon excursion nocturne chez leurs adversaires et qu'ils m'aient abandonné délibérément. Acte manqué ? Acte volontaire ? Toujours est-il que c'était la première fois que j'entendais parler d'un joueur « oublié » par son équipe. J'ai appelé les dirigeants pour leur manifester mon mécontentement et ils m'ont dit de prendre un avion dont ils ne m'ont jamais remboursé le billet.

Quand je repense aujourd'hui à cette anecdote, je me dis que c'était encore un clin d'œil du destin. Trois mois plus tard, je poserais définitivement mes valises en Gironde...

Par un concours de circonstances indépendant de ma volonté, c'est à Munich que j'ai rendu public le handicap d'Émily.

Après le premier voyage d'une semaine à Philadelphie avec elle comme le traitement le prévoit tous les six mois, la presse allemande a fait sa une en expliquant que j'étais allé à New York pour faire opérer ma fille du cerveau ! J'ai dû démentir officiellement cette thèse absurde et expliquer qu'Émily était victime d'une lésion cérébrale. La nouvelle s'est alors répandue en France. Trois joueurs ont pris la peine de me téléphoner pour m'assurer de leur soutien : Éric Cantona, Pascal Olmeta et Reynald Pedros. Je leur en suis reconnaissant, notamment à Éric avec qui j'ai toujours eu de très bons rapports. C'est une vraie personnalité, sincère, entière, qui a prouvé à Manchester United quel joueur extraordinaire il était.

L'annonce du handicap d'Émily a eu une conséquence inattendue. Depuis quelques années, les Guignols de l'info me tournaient en ridicule. Avant que je n'apparaisse dans leur JT, je les trouvais très drôles et j'étais un de leurs spectateurs les plus assidus.

Puis les auteurs ont inventé ma marionnette et j'ai vite déchanté. Ils donnaient de moi une image de gamin stupide ayant un ballon à la place du cerveau, avec un physique peu ressemblant et une voix pré-adolescente. Très vite, je me suis senti bafoué, humilié, raillé de façon injuste. Mon fils aussi en a beaucoup souffert : tous ces copains l'appelaient « patator » ou « P-A-P-IN ». J'avais le sentiment que les auteurs trahissaient ma personnalité et ternissaient ma réputation de façon gratuite, sans réfléchir aux conséquences que cela avait sur mon entourage. Qu'on moque un personnage public, soit ! Il doit être capable d'assumer sa notoriété. Mais qu'on le fasse sans penser que tous ses proches seront salis à leur tour, cela est indigne de gentlemen.

J'ai fait quelques tentatives auprès de mes amis de Canal Plus pour que les auteurs atténuent cette image trop caricaturale qu'ils donnaient de moi, mais mes démarches n'ont fait qu'aiguiser leur imagination et attiser leur méchanceté à mon endroit. Je me suis aussi renseigné pour les poursuivre en justice, mais le droit à la caricature est un droit inviolable en France – et je m'en félicite. Je m'étais donc résigné à subir ma marionnette quand les auteurs ont appris que j'avais une fille atteinte d'une lésion cérébrale. Du jour au lendemain, sans que je leur demande quoi que ce soit, ma marionnette a disparu du JT.

Avec le recul, je reconnais qu'ils ont contribué

à me faire connaître, notamment des non-footballeurs, même si ces gens-là ont dû se faire une piètre opinion de moi. Je trouve aussi amusant qu'ils m'aient associé à la marque Cacolac – à tort, puisque je n'en buvais pas plus qu'un autre – et qu'ils m'aient ainsi permis indirectement de faire une rencontre déterminante dans la création de Neuf de Cœur : Bernard Magrez, président du groupe William Pitters International.

Moralité 1 : les Guignols proposent un spectacle très divertissant, encore faut-il ne pas incarner soi-même une marionnette...

Moralité 2 : les conséquences d'une popularité sont imprévisibles.

Voilà deux ans que j'ai quitté le Bayern de Munich, et je confirme que c'est l'un des plus grands clubs au monde, une machine de guerre capable de gagner sur tous les terrains d'Europe, avec des supporters en or, des joueurs de talent et un staff constitué d'anciennes gloires du ballon rond mieux à même d'appréhender le football moderne. Mais dans le même temps, je suis content d'en être parti pour intégrer l'équipe des Girondins de Bordeaux, dans une région plus conforme aux souhaits de ma famille.

Bordeaux : un pari réussi

À la fin de mon séjour munichois, beaucoup d'obscrvatcurs mc donnaicnt pour fini. Dcux clubs m'ont tendu la main : Bordeaux et Montpellier. Le Japon aussi était sur les rangs, mais Florence a mis son veto d'emblée : trop loin, trop perturbant pour les enfants et surtout quasi impossible pour Émily. S'il n'avait tenu qu'à moi, je serais volontiers retourné à l'OM, mais les nouveaux dirigeants m'ont opposé une fin de non-recevoir comme ils l'avaient fait pour Sauzée, Di Méco ou Olmeta quand ils s'étaient proposés pour faire remonter le club de deuxième en première Division. Les anciens de la période Tapie leur faisaient peur. Renseignements pris, il semble aussi que Gili se soit opposé à ma venue. Quel dommage ! J'aurais tant aimé finir ma carrière en portant les couleurs olympiennes, même si aujourd'hui, je suis très heureux d'être installé près du bassin d'Arcachon !

Je suis arrivé chez les Girondins de Bordeaux une semaine avant la reprise du championnat. Auparavant, j'avais fait toute la préparation d'été avec le Bayern de Munich, mais je n'avais aucune intention de passer une année de plus en Bavière. J'étais avec le Milan AC qui m'avait invité en « *guest star* » lors d'une tournée en Chine quand j'ai eu Roland Courbis en ligne. Ma venue à Bordeaux l'intéressait. Il venait de reprendre l'équipe en main dans des conditions difficiles : après la finale perdue, toutes les stars bordelaises (Bixente Lizarazu, Christophe Dugarry, Zineddine Zidane, Daniel Dutuel...) avaient rejoint de grands clubs européens. Le club des Girondins avait donc les caisses pleines, mais un effectif qu'il fallait reconstruire à 80 % !

Roland Courbis s'est attelé à la tâche en se fixant comme objectif d'être européen la saison suivante. Il a réussi à trouver un équilibre entre des joueurs expérimentés – le Belge Bodart, le Brésilien Gralak ou le Parisien Colleter – et des jeunes joueurs en devenir – les Cannois Johan Micoud et Peter Luccin, le Havrais Ibrahim Ba ou le Bastiais Ziani. Mais il a aussi pensé que je pouvais encore apporter mon efficacité et mon expérience devant le but à une équipe entièrement rebâtie, avec une moyenne d'âge assez jeune. Très vite, les Girondins de Bordeaux et le Bayern de Munich ont trouvé un accord satisfaisant. Je suis retourné en France pour quatre millions de deutsche mark et j'ai accepté une baisse de salaire de 70 %. Mon envie de jouer était telle que j'étais prêt à beaucoup de concessions pour endosser un maillot et défendre les couleurs d'un club qui me fasse confiance. Et puis, je ne suis pas à plaindre. Un footballeur gagne de l'argent de bien des façons.

Les primes de match en championnat permettent d'augmenter d'environ 30 à 40 % le salaire mensuel. Les primes en coupes, et notamment en coupe d'Europe, sont encore plus intéressantes comme on l'a vu à Marseille ou au Milan. Moi qui dispose en plus d'une certaine notoriété, j'ai aussi des revenus publicitaires qui viennent s'ajouter aux salaires et aux primes de match. À cet effet, j'ai créé une société qui gère mon image de marque et tous les droits dérivés. Elle s'appelle J3P, pour Jean-Pierre Papin. Un ami comptable m'aide dans la gestion, mais j'en suis le seul actionnaire.

En quinze ans de carrière, beaucoup de sociétés m'ont demandé de promouvoir leurs produits, comme Bic, Patrick, Gatorade, Europe 1, Gründig, Coq sportif, RMC, Waïti, Panini ou Cerruti 1881. Mais je n'ai jamais voulu multiplier les contrats de sponsoring pour me consacrer le plus longtemps possible au foot. Il ne faut pas oublier que le tournage d'un spot publicitaire dure deux jours, et que les sponsors exigent de nous un certain nombre de journées dans l'année pour les représenter.

En affaires comme dans le foot, j'ai toujours

cédé à des coups de cœur. Ainsi ai-je été très sensible à l'accueil que m'a réservé Nino Cerruti quand je suis arrivé à Milan. J'ai aussi noué des relations de grande qualité avec Bernard Magrez, le P.-D.G. de William Pitters International, un groupe spécialisé dans l'import-export de vins et spiritueux. Je l'ai rencontré à la suite d'un contrat publicitaire que me proposait la société Cacolac. Depuis que les Guignols de l'info avait fait du lait chocolaté ma boisson de prédilection, les ventes de la société avaient grimpé en flèche. Son directeur tenait donc à m'associer officiellement à sa marque à l'aide d'une vraie campagne publicitaire. J'étais tenté d'accepter sa proposition, mais les dirigeants du club m'en ont dissuadé : le Cacolac est un produit concurrent des jus de fruit Waïti, premier sponsor des Girondins. Lui prêter mon image était un peu délicat.

En contrepartie, ils m'ont fait rencontrer Bernard Magrez, P.-D.G. entre autres de la société Waïti. C'est un grand homme imposant, en pleine force de l'âge, qui est un formidable bourreau de travail. Il a trouvé le temps de me recevoir entre deux avions pour parler affaires. Tout de suite, le courant est très bien passé entre nous. Il a émis le souhait d'utiliser mon image pour plusieurs de ses produits – dont un jus d'orange qui s'appelle depuis « les Papinades » et qui devrait marcher très fort. Nous avons donc signé un contrat ensemble, mais j'ai demandé que tous mes droits soient reversés à l'association Neuf de Cœur quand elle serait créée. Bernard Magrez s'est alors beaucoup intéressé à ce projet caritatif et a investi non seulement de sa personne, mais aussi de l'argent. Il a notamment assuré la logistique de l'association. Je tiens à l'en remercier ici au nom de toutes les familles qui bénéficient de sa générosité.

Pour en revenir à J3P, je suis fier d'avoir gagné beaucoup d'argent parce que je suis parti du plus bas de la hiérarchie sociale. Je suis tout aussi fier de payer beaucoup d'impôts, même si parfois je considère que le taux d'imposition est trop élevé. Depuis ma mésaventure marseillaise, je sais que cet argent qui m'est prélevé est « logiquement » redistribué à ceux qui vivent dans la misère. Comment peut-on vivre avec deux mille trois cents francs par mois aujourd'hui ? Comment un pays aussi riche, aussi puissant que la France, peut se permettre de laisser mourir ses citoyens dans la rue à deux ans de l'an 2000 ? Je suis très sensible à la pauvreté, et notamment à celle qui touche les enfants. Je déplore simplement que rien ne soit fait par les gouvernements successifs, ou si peu, pour pallier une situation insupportable. Je comprends les gens qui descendent dans la rue pour réclamer leurs dus. Comme beaucoup, j'ai éprouvé de la sympathie pour le mouvement de grève qui a paralysé la France en décembre 1995, même si j'ai regretté que les grévistes prennent la population en otage. J'ai aussi approuvé les actions des chômeurs en décembre 1997. Personne ne doit se laisser mourir sans résister.

Mon arrivée en Gironde a fait sensation, puisque les abonnements ont brusquement augmenté de 20 %. Elle s'est aussi faite dans la précipitation. J'ai signé quinze jours avant la rentrée scolaire et il nous a fallu tout de suite une adresse pour inscrire les enfants à l'école. Nous avons donc déménagé dans l'urgence, mais il nous a été difficile de trouver une maison dotée de cinq chambres avec suffisamment d'espace pour mettre les accessoires de travail d'Émily.

Après des recherches menées tambour battant, nous avons habité provisoirement à Gradignan. Mais c'est quelques mois plus tard, après de longues promenades au bord du bassin, que nous avons décidé de nous installer près d'Arcachon.

Nous y avons une qualité de vie assez rare, dans le calme et la nature. Les gens qui vivent sur le bassin sont gentils et simples. Une douzaine d'huîtres et un verre de bordeaux blanc suffisent à leur bonheur. Les cinquante kilomètres qui nous séparent du domaine du Haillan, lieu d'entraînement des Girondins de Bordeaux, ne me dérangent pas le moins du monde. J'ai toujours avalé les kilomètres pour aller travailler, que ce soit à Marseille ou à Milan.

Les Bordelais aussi sont éminemment sympathiques. Ils ont la réputation d'être froids et fermés, mais cela est injuste. Depuis deux ans que je suis installé à Bordeaux, j'ai toujours été très bien accueilli, alors même que j'avais porté le maillot olympien au plus fort de la rivalité Bordeaux-Marseille. C'est à eux que je dois d'apprécier le vin aujourd'hui. Ils m'ont offert des grands crus et m'ont expliqué dans le détail le principe de la vinification et l'art de goûter le vin, si bien que j'ai fini par suivre leurs recommandations et par aimer les bonnes bouteilles. J'ai notamment un faible pour les saint-émilion, les pessac-leognan et les sauternes, dont bien sûr le Château-Yquem...

Dans toutes les régions où je suis passé, j'ai toujours essayé de connaître les traditions locales, les produits du terroir, les habitudes culturelles. Je l'ai fait avec un plaisir sans cesse renouvelé, *a fortiori* quand il s'agissait de goûter du vin.

J'ai aussi découvert les joies du bassin d'Arcachon. Non seulement il y a les dunes sauvages et les forêts de pins qui s'étendent à l'infini, mais la présence de l'océan exalte toutes ces beautés.

Après mûre réflexion, et sans trahir en quoi que ce soit mon attachement à la Provence, je préfère en ce moment la sauvagerie de l'océan Atlantique à la fausse tranquillité de la Méditerranée, malgré une température de l'eau nettement plus basse qui vivifie les sens. Je me baigne aussi souvent que je peux le long de ces plages battues par les vagues qui bordent tout le littoral. J'aime jouir de la liberté que dispense l'océan. Mes enfants aussi. Quand nous aspirons à l'ivresse de la vitesse, nous allons tous dans le bateau à moteur de 2 x 200 chevaux que j'ai rapporté d'Italie – où il mouillait sur le lac de Côme – et nous sillonnons le bassin. Des maisons sur pilotis au banc d'Arguin, nous profitons de cet espace marin exceptionnel. Je ne désespère pas non plus un jour de faire de longues croisières en bateau à voiles, mais j'attends pour cela de mettre un terme à ma carrière de footballeur.

En arrivant, j'ai choisi le numéro vingt-sept parce que le numéro neuf était déjà attribué à Lilian Laslandes. Mais 3 x 9 = 27 et 2 + 7 = 9 ! Mon intégration au sein des Girondins s'est faite très rapidement. J'avais suivi une préparation physique appropriée au Bayern, mais je n'avais pas joué souvent la saison précédente. Aussi étais-je un peu soucieux en foulant la pelouse du parc Lescure les premières fois, mais mon envie de jouer était si forte que j'ai démarré la saison sur les chapeaux de roue, avec quatre buts en sept matchs. En début de saison, Roland Courbis avait reconstitué la paire Tholot-Papin qui avait fait les beaux jours de l'INF Vichy et qui faisait encore feu de tout bois malgré ses soixante-six ans : Didier et moi avons « claqué » sept buts lors des sept premiers matchs. Puis j'ai marqué... un peu le pas à l'image d'un groupe qui devait trouver son homogénéité.

Au final, j'ai réalisé une saison en dents de scie, avec notamment une fin de saison digne de mes plus belles années : j'ai marqué huit buts lors des neuf derniers matchs et j'ai fini septième au classement des buteurs avec seize réalisations, à six longueurs de Stéphane Guivarc'h. Pour un vieux renard des surfaces qu'on avait enterré un peu vite, je ne m'en suis pas si mal tiré !

Bordeaux a réalisé un parcours tout à fait honnête en championnat en finissant à la quatrième place derrière Monaco, Paris-Saint-Germain et Nantes : Roland Courbis avait réussi son pari, et nous avec. C'est un entraîneur qui frappe les esprits par son acuité intellectuelle, mais aussi par sa roublardise. Il connaît son football sur le bout des doigts et met en place une tactique différente en fonction de l'adversaire : parfois il nous demande d'aller le chercher très haut, d'autres fois il nous conseille de camper sur nos bases pour le forcer à se découvrir. Il étudie aussi les points faibles de l'équipe adverse et essaye de les exploiter en imaginant des « coups » qui se révèlent souvent payants.

Il gère son groupe avec beaucoup d'intelligence et de précision. Quand il s'est aperçu que j'avais perdu mes sensations balle au pied, il m'a remis en milieu de terrain pour me forcer à une meilleure maîtrise technique. Et quand mon jeu naturel m'a porté vers l'avant, il m'a replacé en attaque où j'ai recommencé à marquer.

Avec son préparateur physique Vanckershaver, il a aussi mis en place un entraînement très performant à base de musculation qui, s'il mérite selon moi quelques ajustements, a fait ses preuves tout au long de la saison. Il fait encore ses preuves à Marseille puisque dans le football moderne, un entraîneur ne se déplace plus seul pour prendre une équipe en main. Il est secondé par un préparateur physique, mais aussi parfois par un kinésithérapeute ou un diététicien. Il travaille en équipe, ne laisse rien au hasard, passe au crible tous les gestes techniques de ses joueurs. Les débordement sur l'aile gauche, les tirs hors de la surface, les buts sur coups de pieds arrêtés, les ballons perdus dans l'axe, tout donne lieu à des statistiques. Ainsi, nous savons qu'en 1997-1998, Bordeaux est le club qui réalise le plus de centres en France.

La première année, nous sommes passés tout près de l'exploit en finale de la coupe de la ligue qui nous était promise et que Strasbourg nous a « subtilisée » après l'épreuve des tirs au buts.

Le match s'est déroulé dans un parc des Princes rempli pour moitié de Strabourgeois, pour moitié de Bordelais qui avaient traversé la France pour soutenir leur équipe fanion. Il n'a laissé de souvenir impérissable à personne : les vingt-deux protagonistes avaient la peur au ventre et ont joué sur la défensive. Les occasions de but ont été fort rares. Dans ce genre de rencontres, l'attaquant de pointe gaspille son énergie à empêcher une bonne relance de l'équipe adverse au lieu de la garder pour faire la différence le moment venu. Inutile de dire que j'ai été à l'image de mon équipe : défensif.

Après les prolongations, le score était toujours vierge. Nous avons donc dû nous soumettre à l'épreuve du feu : les tirs au but, épreuve qui ne m'a jamais vraiment réussi. Je n'ai pas tiré le mien parce que j'ai été remplacé à un quart d'heure de la fin. Cependant, cela n'a pas suffi à détourner la malédiction. Malgré un Gilbert Bodart éblouissant, qui a multiplié les exploits en stoppant trois penalties, nous avons trouvé le moyen de perdre. Quatre tireurs bordelais ont raté leur cible !

Une fois bien installé à Bordeaux, ce n'est pas sans émotion que je suis retourné jouer au Vélodrome fin septembre 1996. Pour une équipe adverse, jouer à Marseille n'est jamais une sinécure. Mais pour un joueur qui a été l'idole du public marseillais, revenir sous d'autres couleurs est un bonheur et un calvaire à la fois. Comme prévu, les supporters ne m'ont pas fait de cadeaux. Mais si j'ai souffert en entendant leurs sifflets chaque fois que je touchais la balle, je ne leur en ai pas voulu. Dans leur logique, leur équipe actuelle passe avant les anciennes gloires du club.

En revanche, je me suis brouillé avec certains journaux sportifs qui n'ont rien trouvé de mieux, pour mon retour à Marseille, que de remuer de vieilles histoires sordides. Ils ont préféré mettre en exergue l'affaire de la fausse déclaration faite à Munich plutôt que de parler des buts que j'avais marqués pour l'OM et des émotions intenses que j'avais partagées avec la ville. J'ai trouvé cette démarche mesquine.

Lors de mes deux matchs au Vélodrome, j'étais très motivé. Je voulais montrer aux supporters que je n'avais rien perdu de ma superbe, mais comme par un fait exprès, je n'ai jamais marqué ni gagné là-bas. La première année, nous avons décroché un match nul sans gloire 0-0. Et la deuxième année, nous nous sommes inclinés 1-0 après que j'ai raté deux occasions face à Köpke.

Dans l'ensemble, cette deuxième année aux Girondins se passe moins bien que la première. Une nouvelle fois, le groupe s'est désagrégé à la fin de la saison : Courbis, Ziani, Domoraud, Bodart, Lambourde, Colleter, Ba, Tholot sont partis. Il a fallu en reconstruire un autre avec tous les risques que cela comporte, car la cohésion ne va pas de soi entre les nouveaux et les anciens.

La première année avait était un succès grâce au recrutement judicieux et au travail de fond de Roland Courbis, la deuxième année est plus mitigée. Il faut imputer nos résultats irréguliers à un groupe moins soudé, moins complémentaire aussi, et à un entraîneur qui a manqué de poigne : Guy Stéphan. Le management d'un groupe de professionnels exige de la fermeté, surtout si les joueurs ont l'habitude d'être pris en charge à 150 %.

Nous nous sommes fait éliminer par Aston Villa au premier tour de la coupe de l'UEFA alors que l'adversaire était largement à notre portée. En championnat, après un départ en fanfare, nous végétons dans le « ventre mou » du classement. Ma prestation se ressent de ce groupe qui alterne le bon et le moins bon. À la trêve, j'ai marqué cinq buts en championnat et cinq en coupe de France.

Le club lui-même baigne dans un flou artistique qui ne met pas les joueurs dans des conditions de jeu optimales : les Girondins de Bordeaux sont en passe d'être rachetés par un groupe anglais qui a déjà investi dans d'autres clubs européens tels que les Glasgows Rangers ou Vicenze. Pourtant, à la fin du mois de février, nous ignorons tout des tractations en cours. Ce n'est pas très correct quand on songe que les deux parties débattent aussi de notre avenir.

Heureusement, la place en finale de la coupe de la ligue que nous venons d'arracher aux pénalties face à Auxerre laisse augurer une bonne fin de saison et surtout l'espoir d'une participation à une coupe d'Europe en cas de victoire au Stade de France face au Paris-Saint-Germain.

Aujourd'hui, à bientôt trente-cinq ans, je pense que je ne vais plus tarder à raccrocher les crampons. Je ne joue plus tout à fait avec la même envie et la même rage de vaincre.

D'ailleurs, je suis convaincu que gagner ne se fait pas à n'importe quel prix. Je fais allusion aux affaires de dopage qui empoisonnent le football français. Se doper est indigne d'un sportif et met en péril l'éthique même du sport. Dans le cas du foot, je vois mal ce que des produits dopants peuvent apporter de plus à un joueur. Sans doute développe-t-il une plus grande puissance physique sur le moment, mais il a aussi une plus grande difficulté à récupérer. Et puis, est-ce parce qu'il est dopé qu'il réalise mieux tel geste technique ou qu'il a une meilleure vista ? Je ne crois pas. Quel intérêt, alors ? C'est pourquoi je ne suis pas sûr que des joueurs aussi confirmés que Vincent Guérin ou Cyril Pouget se soient dopés. Je trouve aussi un peu bizarre que le laboratoire ait détecté la même substance chez tous les sportifs mis en cause. Étrange coïncidence !

Je fais une différence entre les produits dopants détectés chez les sportifs de haut niveau et les cas de Fabien Barthez et Bernard Lama, les deux gardiens de l'équipe de France à qui les autorités ont reproché d'avoir fumé du cannabis. J'ai beau n'avoir jamais fumé moi-même et ne pas être un ardent défenseur des drogues douces, je ne vois pas où est le mal. Le cannabis est autorisé par de nombreuses fédérations et ne peut en aucun cas améliorer les performances.

Dans le même ordre d'idée, un certain nombre de footballeurs professionnels fument des cigarettes. Cela ne me choque pas le moins du monde. Je n'en dirais pas autant de ceux qui prennent des drogues dures. Un sportif de haut niveau incarne le rêve de nombreux enfants et adolescents. À ce titre, il doit leur montrer l'exemple en étant irréprochable !

L'équipe de France

J'avais vingt-deux ans quand j'ai été retenu pour faire partie des vingt-deux joueurs français sélectionnés pour la coupe du monde au Mexique. Je ne savais pas encore que ce serait ma seule participation à une phase finale de coupe de monde. Je n'imaginais pas non plus que je deviendrais le deuxième meilleur buteur de l'histoire de l'équipe de France après Michel Platini, à égalité avec Just Fontaine !

Cette sélection pour le mondial 1986 a été l'apothéose d'une année exceptionnelle qui avait commencé à Valenciennes en deuxième division et qui se finirait à Guadalajara contre l'équipe d'Allemagne, en demi-finale de la coupe du monde ! Le déplacement au Mexique constituait en soi une expérience mémorable, puisqu'il s'agissait de mon premier grand voyage. Mais que dire d'un mois et demi passé en compagnie de toutes mes idoles ? J'étais le petit nouveau, le « bleu » parmi les « bleus », mais je ne manquais pas d'audace et je me sentais à l'aise dans un groupe d'anciens au palmarès impressionnant, qui accueillait avec bienveillance les jeunes aux dents longues. J'ai aussi trouvé mes marques grâce à Philippe Vercruysse et Jean-Marc Ferreri, avec lesquels j'ai beaucoup sympathisé.

Tout le groupe « France » est parti six semaines ! Six semaines de retraite en huis clos, six semaines de vie commune où les principales difficultés consistaient à maintenir la bonne ambiance parmi les joueurs et à tromper l'ennui dans la journée. Les après-midi étaient sacrifiés à la sieste rituelle et aux jeux de cartes. Poker, tarot, belote, rami, tout était bon pour tuer le temps. Dès que l'occasion se présentait, nous mettions en train des parties de cartes, appelées « chantiers ». Il n'était pas rare d'avoir un, deux ou trois « chantiers » en cours avec différents joueurs. Les soirées, elles, se déroulaient dans un ordre immuable : séances de massage, vidéocassettes et lectures.

De temps à autre, nous allions faire de magnifiques balades à cheval ou du shopping en ville, mais la chaleur accablante interdisait les longues promenades. Comme elle interdisait la multiplication des entraînements. Nous chaussions les crampons une fois par jour, à la fraîche.

L'ambiance dans l'équipe était excellente. En équipe de France, c'est toujours l'union sacrée. Tout le monde va dans le même sens. Même les joueurs qui ont eu des mots sur les terrains oublient leurs différends et vibrent à l'unisson quand il s'agit de défendre le maillot tricolore frappé du coq.

Une nuée de journalistes agaçait l'équipe de France et guettait la moindre incartade, le moindre scoop pour en faire part aux millions de Français qui veillaient jalousement sur leur équipe. Mais il n'y avait rien à dire, rien à raconter. Tout se savait déjà. Henri Michel dirigeait un groupe dont l'ossature avait été bâtie par Michel Hidalgo. Michel Platini exerçait un ascendant très important sur les autres joueurs et sur le staff en général. En somme, c'était une histoire de « Michel ».

Quelle n'a pas été ma fierté de jouer les trois premiers matchs du tournoi ! J'avais été retenu parmi les vingt-deux, mais je n'imaginais pas que je serais titulaire à un poste où Bruno Bellone, Dominique Rocheteau et Yannick Stopyra étaient des titulaires indiscutables. Lors du premier match contre le Canada, j'ai donc évolué au sein de la mythique équipe de France de 1986. Dans le carré magique, Luis Fernandez s'était substitué à Bernard Genghini, mais il restait encore Michel Platini, Alain Giresse et Jean Tigana ! Derrière, la défense était très solide avec Joël Bats dans les buts, Manuel Amoros et Thierry Tusseau sur les côtés, Maxime Bossis et Patrick Battiston dans l'axe.

J'ai joué avec mes qualités de fonceur, sans me poser de questions. J'ai endossé le maillot numéro dix-sept de l'équipe de France comme un bleu de chauffe et j'ai parcouru des dizaines de kilomètres au stade Léon. Contre le Canada, j'ai marqué le but de la victoire à onze minutes de la fin, mais j'ai « vendangé » un maximum d'occasions.

À l'issue du match, j'aurais dû finir meilleur buteur de la coupe du monde avec cinq buts au moins à mon compteur, mais j'étais encore trop impétueux et maladroit devant les cages adverses. Cet échec ne m'a pourtant pas déstabilisé. J'ai vu le côté positif des choses : la victoire au bout du compte, et mon premier but officiel en équipe de France. D'ailleurs, à l'époque, rater des occasions faisait partie de mon jeu. Ma force était de m'en créer beaucoup, mais j'avais pleinement conscience de ne pas les concrétiser toutes.

Après ce match, les premières critiques ont plu sur moi mais elles ne m'ont pas atteint, non parce que j'y étais insensible, mais parce que la distance qui nous séparait de la France atténuait l'onde de choc.

J'ai enchaîné les deux rencontres suivantes avec la même détermination. La France a fait match nul contre l'URSS et a battu la Hongrie par 3-0. À chaque fois, je suis sorti en cours de partie sans avoir réussi à marquer, à cause notamment d'un superbe Dassaev qui a détourné une tête que je croyais imparable. Je n'ai plus rejoué ensuite que lors du match pour la troisième place qui nous opposait à la Belgique. L'équipe de France a continué sans moi son merveilleux parcours, mais je n'en ai ressenti aucune frustration. J'étais déjà très content d'avoir appartenu au groupe des vingt-dcux joueurs retenus pour la phase finale, et encore plus heureux d'avoir été titularisé pour les trois premiers matchs. Le principal était que la France soit qualifiée.

Après le premier tour, nous avons pu disposer de trois à quatre jours de repos durant lesquels nos femmes sont venues nous retrouver. Mais nous étions déjà très concentrés sur la match à venir qui nous opposait aux champions du monde en titre : les Italiens. À Mexico, dans l'Olympico, Platini, en parfait faux frère, a planté la première banderille à la quinzième minute et Stopyra a donné le coup de grâce à l'heure de jeu. La Squadra Azzurra pouvait rentrer chez elle tête basse : elle était tombée sur plus fort qu'elle. Mais déjà se profilait un obstacle qui me paraissait insurmontable : le Brésil fort de ses trois titres de champions du monde.

Le match à Guadalajara, au stade Jalisco, reste mon plus beau souvenir en tant que spectateur. Je ne jouais pas, mais j'étais un supporter privilégié puisque j'étais sur le banc. À notre arrivée une heure et demie avant le match, nous avons constaté l'évidence : le stade était entièrement acquis aux Brésiliens. Il y régnait une ambiance inoubliable. Des drapeaux et des banderoles vert et jaune illuminaient Jalisco. Les rythmes de la samba résonnaient dans les tribunes et retentissaient jusque dans les vestiaires, où ils électrisaient les joueurs brésiliens.

Henri Michel ne s'est pas départi de son calme : il nous a dit que nous n'avions rien à perdre, que c'était le match de notre vie et qu'il fallait le jouer comme on savait le faire, sans « gamberger », avec le jeu qui caractérisait notre football : la technicité et la mobilité – un peu comme le football brésilien, en somme.

Certains d'entre nous sont allés se recueillir dans la chapelle du stade. Dans le couloir, j'ai croisé Josimar, Edhino, Branco, Zico, Junior, Socrates, Alemao, Carrera, bref toutes les stars du football sud-américain et je me suis demandé comment nous pourrions l'emporter contre la meilleure équipe du monde. Je l'avoue, je nous voyais difficilement gagner.

Puis les vingt-deux acteurs sont entrés sur le terrain sans savoir qu'ils allaient écrire l'une des plus belles pages du football moderne. Ici, je préfère ne pas évoquer toutes les phase de jeu, tous les rebondissements, tous les mouvements collectifs qui ont fait entrer cette rencontre dans la légende. Je laisse le soin au lecteur de se repasser la cassette vidéo du match. Il ne s'en lassera pas. C'est d'ailleurs un cas très rare : d'ordinaire, le sport ne supporte que rarement les retransmissions en différé, encore moins d'être regardé plusieurs fois. Sa force vient de sa spontanéité et de son déroulement dans le présent. Il vit de coups de théâtre et de revirements qui s'écrivent dans l'instant, sous nos yeux. Même le cinéma, qui peut happer le spectateur et le tenir en haleine deux longues heures, n'a pas la même sincérité : le scénario est écrit à l'avance, le suspens savamment calculé, l'histoire inéluctable. Dans un match de football, aucun marionnettiste ne tire les ficelles. Tout peut arriver à tout moment, sans que cela ait été prévu par quiconque ! Les parieurs du Loto sportif ne me démentiront pas...

Le stade de Guadalajara nous a réservé le meilleur et le pire. Le meilleur avec le match contre le Brésil, le pire avec l'élimination contre l'Allemagne quatre jours plus tard alors que tout le monde nous donnait favoris. Les héros étaient fatigués, les têtes tournées vers cette finale de coupe du monde contre l'Argentine, la pression trop forte : au contraire du match contre le Brésil, nous avions tout à gagner ! Et quatre ans après

Séville, le cauchemar s'est reproduit : le beau jeu français s'est heurté au mur allemand, bâti sur des fondations inébranlables répondant aux noms de Förster, Briegel, Matthaüs, Magath, Rummenige... Alors qu'il avait été éblouissant contre les Brésiliens, Joël Bats a fait sa seule erreur du tournoi sur un coup franc tiré par Brehme à la neuvième minute et les Allemands n'ont plus eu qu'à gérer cet avantage les quatre-vingts minutes restantes. Pour couronner le tout, Maxime Bossis a manqué la seule occasion du match à deux minutes de la fin, et Rudi Völler s'en est allé marquer en contre le deuxième but allemand dans les arrêts de jeu. L'Allemagne avait son deuxième ticket d'affilée pour une finale de coupe du monde, et la France un retour en première classe pour Paris.

Contre les Français, les Allemands ont toujours su faire preuve de beaucoup de réalisme. Ils sont solides moralement et physiquement. Lors de nos multiples confrontations, nous avons souvent cru que nous avions le match en main, mais le score plaidait toujours en notre défaveur à la fin du temps réglementaire. Les Allemands savent pertinemment que seule la victoire est belle.

Nous avons joué la petite finale contre les Belges qui étaient les invités surprises de ces demi-finales. J'ai marqué un but contre mes anciens partenaires du FC Bruges et la France a gagné 4-2 après prolongations. Ainsi, nous nous sommes mieux classés que l'équipe mythique de 1982 qui avait fini quatrième en Espagne.

Le lendemain, nous nous sommes envolés pour la France à l'heure où se déroulait la finale, si bien que nous n'avons jamais vu l'Argentine triompher de l'Allemagne 3-2. J'étais satisfait que la coupe du monde revienne à un pays sud-américain, *a fortiori* à l'Argentine qui comptait dans ses rangs le magicien Maradona, avec son toucher de balle, ses crochets courts, ses percussions irrésistibles et ses buts incroyables, mais j'ai regretté que le trophée ne revienne pas à l'Angleterre qui aurait aussi eu sa place en finale sans cette main de Diego !

Après la coupe du monde au Mexique, Henri Michel a dû rebâtir une équipe sur de nouvelles bases parce que la plupart des « anciens » ont mis un terme à leur carrière internationale. Alain Giresse a arrêté tout de suite après la demi-finale, mais Michel Platini et Jean Tigana n'ont pas tardé à lui emboîter le pas après un démarrage catastrophique en championnat d'Europe : la France a concédé le nul face à l'Islande et à la RDA et a perdu chez elle contre l'URSS.

Un nouveau milieu de terrain s'est mis progressivement en place avec des hommes de base comme Luis Fernandez, Fabrice Poullain, Jean-Marc Ferreri ou José Touré. À la pointe de l'attaque, le sélectionneur n'avait que l'embarras du choix : Yannick Stopyra, Carmelo Micciche, Stéphane Paille, Éric Cantona et moi.

L'équipe avait belle allure, mais il manquait de la cohésion entre les joueurs. Et puis, nous n'avions pas le génie dont faisaient preuve nos aînés et qui insufflait une âme aux tricolores. Les résultats ont été très médiocres et nous avons échoué dans la qualification à l'euro 1988 alors que nous étions les tenants du titre ! La tête d'Henri Michel n'était pas encore mise à prix, mais certains réclamaient déjà le billot et la guillotine. Elle a fini par tomber alors que l'équipe de France touchait le fond en allant faire un match nul peu glorieux à Nicosie. J'étais du voyage et je dois dire que cet aller-retour à Chypre nous a tous laissé un goût amer dans la bouche.

La qualification pour la coupe du monde était d'ores et déjà compromise, mais il restait encore une chance d'aller en Italie. Claude Bez a convaincu Michel Platini de reprendre l'équipe de France. Tout le monde espérait que son charisme et son aura suffiraient à relancer les « Bleus », mais la machine à perdre était déjà en marche.

Michel est donc parti avec une équipe commando pour réussir un hold-up en Yougoslavie. Il s'en est fallu de peu qu'il réussisse, mais Safet Susic a sorti un match admirable et donné la victoire à son pays 3-2.

Début mars 1989, il restait encore un mince espoir d'arracher la qualification en allant jouer en Écosse. C'était sans compter sur Mo Johnston qui a marqué deux buts à Hampden Park et a privé la France d'une troisième participation à une coupe du monde d'affilée. Safet Susic et Mo Johnston, les deux bourreaux de la France, évoluaient au Paris-Saint-Germain et au Football Club de Nantes. On n'est jamais trahi que par les siens...

Le déclic a eu lieu le 16 août 1989, à Malmö, quand Michel Platini m'a associé à la pointe de l'attaque à Éric Cantona. Nous sommes allés gagner 4-2 là-bas et nous avons réussi chacun le doublé. Michel Platini avait confiance en nos talents de buteurs. Il savait d'instinct que nous nous entendrions sur et hors du terrain. Comme il avait raison ! Notre association en attaque a largement porté ses fruits : quarante-neuf buts à nous deux en quatre-vingt-dix-neuf sélections. Quasiment un but tous les deux matchs !

À partir de Malmö, la France n'a plus perdu jusqu'au 19 février 1992 face à l'Angleterre, en match amical à Wembley (buts de Shearer et Lineker, deux avants-centres exceptionnels). Je ne sais pas pourquoi une équipe qui perd se met à gagner, et inversement. C'est une alchimie mystérieuse entre les joueurs et l'entraîneur qui fait tout le charme du football. Dans le cas de cette équipe de France, sans doute peut-on quand même parler de l'effet Platini. Son équipe a réussi le grand chelem en gagnant tous ces matchs qualificatifs du championnat d'Europe, avec notamment une victoire en Espagne. Elle s'est même payé le luxe de battre les Allemands en match amical à Montpellier par 2-1, confirmant ainsi la bonne habitude qu'avaient prise les Français de battre le futur champion du monde l'année de son sacre...

Éric et moi avons été les deux artilleurs d'une équipe qui avait retrouvé sa joie de jouer et son panache grâce à des joueurs comme Franck Sauzée, Christian Perez, Basile Boli, Laurent Blanc, Bernard Casoni, Jean-Philippe Durand... Dans cette équipe, il n'y avait pas moins de neuf Marseillais ! Inutile de dire que l'ambiance était bonne et que le courant passait bien entre les joueurs. Michel Platini aimait l'esprit guerrier qui animait l'OM, peut-être parce qu'il avait cette même rage de gagner qui faisait notre force.

Pour désamorcer les tensions et mettre tout le monde sur un pied d'égalité, Éric Di Méco avait recours à une méthode originale : le tribunal tricolore. À table, il s'autoproclamait juge, cognait avec sa petite cuillère contre son verre, réclamait le silence et prenait la parole : « Dans l'affaire Jean-Pierre Papin contre les guignols, j'accuse, etc. » ou alors « Dans l'affaire Boli contre *L'Équipe* »... Les affaires que soulevait Éric avaient souvent trait à l'actualité médiatique et mettaient en cause l'un des joueurs de l'équipe de France. L'accusé pouvait se défendre devant ses détracteurs qui prenaient un malin plaisir à le maintenir sur le grill. Cette autodérision était saine à tous points de vue. Elle permettait aux accusateurs de crever certains abcès et obligeait l'accusé à taire son orgueil mal placé.

Tout le monde n'appréciait pas toujours d'être pris pour cible par Éric Di Méco. J'ai souvenir que David Ginola n'a pas trouvé très drôle qu'il fasse allusion au calendrier dans lequel il avait posé à demi nu. Il est sorti de table en laissant son repas en plan et sans utiliser son droit de défense.

Au championnat d'Europe en Suède, beaucoup de spécialistes nous donnaient favoris. C'est une position que nous, Français, assumons souvent très mal. Cela s'est vérifié une fois de plus. Nous avons entamé le tournoi par un match contre le pays organisateur et nous avons obtenu un match nul méritoire 1-1. J'ai marqué le but égalisateur, mais je jouais sur une jambe, avec des infiltrations. J'en profite pour déconseiller à tous les jeunes joueurs de jouer ainsi. La douleur est un message que le corps envoie pour prévenir qu'il y a une lésion. L'infiltration supprime la douleur, mais la lésion demeure. Jouer aggrave les lésions cartilagineuses ou ligamentaires. À tous les jeunes joueurs, je conseille donc de ne pas forcer sur leur organisme. Si leur corps dit non et que leur entraîneur dit oui, qu'ils écoutent seulement leur corps ! Ce genre de sacrifices finit par se payer un jour ou l'autre...

Le match suivant nous a opposés à l'Angleterre dans un choc comme seules les grandes compétitions savent en proposer. La rencontre a été très virile, très engagée, et s'est soldée par un nul qui ne compromettait en rien nos chances de nous qualifier. Il nous suffisait de battre le Danemark, l'invité de dernière minute suite à la guerre en Bosnie. Nous n'avons pas pris cet adversaire à la légère, mais tout le monde nous voyait déjà passer le premier tour. Erreur : nous avons perdu 2-1 alors que Didier Deschamps a raté une balle de 2-1 en notre faveur à vingt minutes de la fin. Nous ignorions alors que nous venions de chuter contre le futur champion d'Europe qui battrait une à une toutes les plus grandes cylindrées du tournoi et vaincrait en finale l'Allemagne réputée invincible.

Dans ces cas-là, il faut toujours tenter de positiver. J'étais très atteint par la défaite, mais je me suis dit qu'elle allait me permettre de rentrer plus vite chez moi et de retrouver toute ma petite famille qui m'attendait impatiemment...

À la suite de cette déconfiture, Michel Platini a donné sa démission. En réalité, il avait déjà pris la décision de partir bien avant le début du championnat d'Europe, mais il a attendu la fin du tournoi pour la faire connaître. Je ne lui reproche pas d'avoir quitté le navire France à un moment où nous aurions eu besoin qu'il nous renouvelle sa confiance, mais je lui en veux un peu de ne pas nous avoir fait part de sa décision de vive voix. C'est par voie de presse que nous avons appris qu'il quittait le poste de sélectionneur. J'en ai ressenti une grande tristesse.

De tous les entraîneurs que j'ai connus en équipe de France, Michel Platini a été sans doute celui qui m'a le plus marqué. Tous ont su créer une ambiance positive, sélectionner les joueurs qui méritaient de l'être, les mettre en situation de confiance, disséquer leurs matchs, analyser leurs performances et imaginer un dispositif tactique très élaboré. Tous, à leur façon, ont enrichi mon jeu et ma connaissance du football. Henri Michel a su me faire confiance alors que j'étais un inconnu et m'a offert ma seule participation à une coupe du monde, Michel Platini m'a inculqué sa science du football, Gérard Houiller m'a confié le brassard de capitaine et Aimé Jacquet m'a relancé alors que j'avais décidé d'arrêter ma carrière en équipe de France. Mais Michel Platini était notre père spirituel, à Éric Cantona et à moi. C'est lui qui a conseillé à Éric d'aller jouer dans le championnat anglais où, pensait-il, il ferait éclater au grand jour toutes ses qualités. C'est lui aussi qui a découvert notre complémentarité et qui a donné sa raison d'être au duo Papin-Cantona.

Michel Platini avait une façon de manager le groupe qui lui était propre. Les autres sélectionneurs étaient plus distants : ils ne voulaient pas trop se lier avec les joueurs pour se donner les coudées franches lors des choix difficiles qu'ils devaient faire. Michel était plus intime, plus proche avec nous. C'est-à-dire qu'il avait été joueur en même temps que nous et qu'il nous connaissait tous très bien. Il savait aussi que ses choix ne seraient jamais remis en cause compte tenu de son palmarès qui en fait aujourd'hui l'un des joueurs les plus titrés de la planète.

Gérard Houiller était l'assistant de Michel Platini, il lui a donc succédé tout naturellement au poste de sélectionneur de l'équipe de France. D'emblée, nous nous sommes bien entendus, sans doute parce que nous étions tous les deux originaires du même département : le Pas-de-Calais. C'est lui qui m'a confié le brassard de capitaine pour mener l'équipe de France aux États-Unis. Cette marque de confiance a décuplé mon énergie. J'aime évoluer dans un climat de sérénité et de certitudes. C'est ce qui faisait ma force à Marseille et qui me manquait tant au Milan AC : la confiance de l'entraîneur.

Une fois que j'ai accepté le nouveau rôle que m'offrait Gérard, je me suis retrouvé en première ligne. Le capitanat me désignait implicitement comme le porte-parole de l'équipe de France lors des conférences de presse. Il m'obligeait aussi à aider les jeunes « bleus » à réussir leur intégration parmi nous.

Nous sommes tombés dans un groupe relativement facile avec la Bulgarie, l'Autriche, la Suède, la Finlande et Israël pour deux pays qualifiés. Je ne retrace pas le parcours de l'équipe dans le détail, mais deux matchs ont été déterminants.

Tout d'abord à Malmö, en Suède, où nous menions 1-0 à une minute de la fin – sur un but de Franck Sauzée – et où nos adversaires ont égalisé par Dahlin dans les dernières secondes. Sans cette minute de trop, nous serions allés aux États-Unis !

Puis le match contre Israël au parc des Princes où nous croyions déjà avoir le billet d'avion pour le Nouveau Monde en poche ! Nous menions au score 2-1 – Franck Sauzée et David Ginola – quand les Israéliens ont refait surface à sept minutes de la fin par Berkowitz. Le nul nous qualifiait encore, mais tétanisés par la peur de perdre, nous avons commencé à nous replier sur nos seize mètres. Les Israéliens se sont engouffrés dans la brèche et ont marqué le but de la victoire à la quatre-vingt-neuvième minute – comme en Suède. J'ai eu le sentiment qu'un scénario cauchemardesque se répétait avec une logique implacable.

Nous avons donc abandonné la première place du groupe à la Suède, mais nous avions toujours la possibilité d'assurer notre deuxième place face à la Bulgarie. Un nul au parc des Princes nous qualifiait encore !

Nous avons préparé le match avec le plus grand sérieux, même si la sérénité du groupe pendant le stage a été un peu perturbée par un incident regrettable. Mécontent de ne pas être titularisé d'entrée, David Ginola a fait part à la presse de son amertume de ne pas jouer. Sa déception était légitime compte tenu de son niveau de jeu à l'époque, mais il n'aurait pas dû enfreindre la sacro-sainte loi de l'équipe de France qui veut que personne ne fasse part de ses états d'âme aux médias. Comme souvent, les journalistes ont donné un écho exagéré à ses déclarations qui ont fait l'effet d'une bombe dans le monde du football.

Gérard Houiller, considérant que Ginola s'était désolidarisé du groupe France, a pris des mesures pour le sanctionner. Il envisageait même une exclusion pure et simple. Mais David est venu nous voir, Éric Cantona et moi, pour faire son mea-culpa. Nous l'avons écouté, puis nous sommes allés voir Gérard Houiller pour intervenir en sa faveur. Il a accepté de conserver David Ginola dans l'effectif et nous avons pu reprendre la préparation du match tous ensemble.

Malgré ce climat de confiance retrouvée, j'étais très tendu. En me désignant capitaine, Gérard Houiller m'avait confié la mission d'emmener le groupe à la coupe du monde aux États-Unis. Cette responsabilité lourde à assumer et l'enjeu du match m'ont pesé durant la semaine précédant le samedi fatidique. J'ai joué le match dix fois dans ma tête avant d'entrer sur le terrain, ce qui ne m'arrivait jamais.

Je suis aussi arrivé au parc des Princes animé d'un sentiment de revanche parce que l'équipe s'était fait marcher dessus à l'aller. Dans la poudrière du stade de Sofia, les supporters nous avaient insultés comme des malpropres, puis les joueurs déchaînés nous avaient craché au visage dans un climat d'hystérie collective. Ils avaient aussi multiplié les agressions et les fautes vicieuses – celles qui ne se voient pas et qui énervent l'adversaire. En définitive, nous nous étions inclinés 2-0, mais nous nous étions promis de les attendre de pied ferme au match retour. La rancune n'a jamais été le meilleur moyen de pratiquer du bon football...

Le match retour avait lieu le 17 novembre au parc des Princes. Il s'est bien engagé puisque nous avons marqué les premiers par Éric Cantona, mais les Bulgares ont égalisé cinq minutes plus tard par le désormais fameux Émile Kostadinov. J'ai joué jusqu'à la soixante-huitième minute, puis j'ai cédé le brassard et je suis sorti : des crampes inhabituelles me durcissaient les mollets. Tout se passait comme si la pression accumulée les jours précédents m'avait coupé les jambes. Aujourd'hui encore, je m'en veux d'être sorti si tôt, mais j'ai jugé qu'il valait mieux quitter le terrain plutôt que de jouer un match de cette importance en étant diminué.

C'est David Ginola qui est rentré à ma place. La suite est connue de tous. Il ne s'est rien passé d'extraordinaire jusqu'à la quatre-vingt-neuvième minute – toujours aussi maudite pour l'équipe de France ! – où nous avons hérité d'un coup franc bien placé sur le flanc droit de leur défense. David Ginola l'a frappé un peu fort et le ballon a été récupéré par les Bulgares. Ce n'était pas vraiment une balle de contre parce que nous étions restés bien groupés derrière, mais en deux passes, Kostadinov s'est retrouvé à la limite des seize mètres. Il a armé son tir et nous a crucifiés grâce à un missile décoché dans la lucarne gauche de Bernard Lama. À peine avons-nous eu le temps d'engager, et l'arbitre renvoyait les deux équipes au vestiaire. La Bulgarie pouvait exploser de joie, la France pleurer toutes les larmes de son corps.

Encore une fois, le match avait duré quelques secondes de trop...

Toute la délégation s'est rendue à l'hôtel Hilton d'Orly où une soirée était organisée en l'honneur des Bleus. Mais comment faire la fête après une « dé-fête » ? L'ambiance était encore plus pesante, plus tragique qu'après la finale perdue à Bari. La plupart d'entre nous savaient qu'ils avaient laissé passer leur deuxième chance de réussir une vraie performance au niveau international. Une troisième chance ne se représenterait plus.

À la suite de ce match, tous les journaux et la plupart des spectateurs ont imputé la défaite de l'équipe de France à David Ginola, mais je trouve cette accusation très injuste. Moi, je ne lui ai jamais reproché d'avoir centré. Et puis de toute façon, le ballon n'était pas encore au fond de nos filets ! Il s'en fallait même de beaucoup.

Dans ce genre de match raté, il ne sert à rien de désigner un bouc émissaire : la défaite, comme la victoire, appartient à tous les joueurs. S'en prendre à quelques-uns est trop facile. Je dirais même que c'est une manière indigne de se décharger sur eux de sa propre responsabilité en tant que joueur. J'ai toujours tenu ce langage et je le tiens encore. Je défie quiconque de m'avoir entendu reprocher à untel d'avoir mal joué ou d'avoir « mangé la feuille de match ». J'ai plutôt tendance à lui trouver des circonstances atténuantes.

David Ginola ne s'est jamais vraiment remis des attaques qu'il a subies. C'était, c'est encore l'un des joueurs les plus techniques que je connaisse. Il aurait dû être l'une des grandes stars du football français s'il était parti au Real de Madrid quand il en a eu la possibilité. C'est à ce moment-là qu'il a laissé passer sa chance.

Puis il y a eu France-Bulgarie... Pour moi aussi, ce match a été un tournant dans ma carrière. Après, je n'ai plus jamais été tout à fait le même, et je n'ai peut-être plus jamais joué de la même façon. Un ressort s'est brisé. Quand je suis rentré en Italie, j'ai même demandé à Capello de ne pas me titulariser pour le match suivant. C'est dire si j'étais atteint...

Mais rien ne sert de ressasser ce souvenir qui doit être très douloureux pour les sportifs qui me lisent et pénible pour les non sportifs à qui on a rebattu les oreilles avec cette défaite dont ils se moquent éperdument. Le match France-Bulgarie appartient au passé. Il nous a privés d'une coupe du monde, mais il a permis à une autre génération d'éclore. C'est cette même génération qui s'apprête à jouer la coupe du monde en France. Je lui souhaite bon vent de tout cœur. Elle est composée de joueurs très talentueux. Je pense notamment à de grands espoirs confirmés du football français tels que Lilian Thuram, Fabien Barthez ou Zineddine Zidane, mais aussi à de futures gloires telles que David Trézéguet, Thierry Henri ou Peter Luccin.

Dans les autres pays du monde, les sélectionneurs n'hésitent pas à faire confiance à de jeunes joueurs du moment qu'ils ont les qualités pour réussir. Souvenons-nous de Pelé ou de Ronaldo, qui ont gagné des coupes du monde à moins de dix-huit ans. Alors, pourquoi devrions-nous nous distinguer des autres pays ? Pourquoi faudrait-il privilégier des joueurs d'expérience – comme moi – à des jeunes talents qui ont tout à gagner dans l'apprentissage d'un grand tournoi ? L'équipe idéale est un mélange entre jeunes et anciens.

Je reviens une seconde sur Fabien Barthez. Actuellement, je considère que c'est l'un des tout meilleurs gardiens au monde. Il a tout pour lui : l'enthousiasme, l'expérience, le sens du placement, l'autorité, la vivacité, un jeu au pied exceptionnel et une relance de grande qualité. Il est donc le titulaire logique à ce poste. Je ne veux pas dire par là que Bernard Lama n'est plus un grand gardien. Il l'a été et il l'est encore, mais il faut savoir laisser la place à la nouvelle génération. Nous, nous avons été en quelque sorte la génération perdue, celle qui était bourrée de talents et qui n'a rien prouvé au niveau international. Nous devons nous effacer devant les jeunes qui frappent à la porte de l'équipe de France et qui, eux, souhaitons-le, offriront leur première coupe du monde à notre pays.

Compte tenu du déroulement particulier des matchs et notamment des buts encaissés dans la dernière minute, je considère que notre génération a manqué du fameux facteur « chance » qui aurait dû faire pencher la balance du bon côté. Avec un peu plus de réussite, nous aurions pu être champions d'Europe ou demi-finalistes de la coupe de monde. En Suède, le Danemark a gagné alors que nous aurions dû les battre sans coup férir au premier tour. Aux États-Unis, deux des quatre demi-finalistes étaient les deux premiers de notre groupe de qualification : la Suède et la Bulgarie ! Mais on ne refait pas l'histoire...

Le match France-Bulgarie a été une cassure. Gérard Houiller a dû rendre son tablier et Aimé Jacquet lui a succédé avec beaucoup de bonheur, puisque l'équipe de France a enchaîné trente matchs sans défaite ! Je n'ai été qu'un modeste contributeur à cette réussite extraordinaire. J'ai joué trois matchs amicaux contre le Chili, l'Australie et le Japon, puis je me suis blessé avec le Bayern. Je suis revenu lors de la rencontre qui opposait l'équipe de France à l'Azerbaïdjan pour le compte du championnat d'Europe qui se déroulait en Angleterre. Nous avons gagné 2-0 et j'ai marqué le premier but alors que l'équipe n'avait plus marqué depuis trois rencontres. Mais je n'ai pu affronter jusqu'au bout les Pays-Bas à Utrecht en raison de douleurs persistantes au genou et je n'ai jamais reparu dans l'équipe. Patrice Loko, Youri Djorkaeff, Christophe Dugarry et quelques autres ont pris la relève avec brio.

À l'époque, on a souvent reproché à Aimé Jacquet de faire jouer Marcel Dessailly en stoppeur alors qu'il jouait en milieu récupérateur au Milan AC, ou Lilian Thuram latéral alors qu'il jouait dans l'axe à Monaco et à Parme. Mais il faut bien comprendre que dans le football moderne, les joueurs doivent être polyvalents. Un défenseur doit s'acquitter des tâches défensives à tous les postes de la défense, un attaquant être le plus complet possible dans le registre offensif. C'est un plus pour le joueur, mais aussi pour l'équipe qui peut à tout moment compter dans ses rangs un blessé ou un suspendu qu'il faut remplacer dans l'urgence.

Aimé Jacquet mène bien sa barque. Il dispose d'un groupe de grande qualité que je crois capable d'aller chercher le titre tant attendu en juin 1998. Il est actuellement à la recherche d'un « goléador » pour l'équipe de France. Mais il suffit de regarder le classement actuel des buteurs pour s'apercevoir que deux hommes sortent du lot : Stéphane Guivarc'h et David Trézéguet. À un degré moindre, Florian Maurice a encore une belle carte à jouer. Voilà donc trois hommes pour un poste de numéro neuf, c'est plus qu'il n'en faut. Moi, je sais bien que je n'ai plus ma place et je le regrette. Je suis quand même très heureux de jouer la finale de la coupe de la ligue au Stade de France. C'est un endroit magique pour le sport, même s'il n'est pas encore tout à fait comme les stades anglais qui n'ont ni fosses, ni grillages. En Angleterre, le public communie vraiment avec les joueurs parce qu'il est physiquement présent dans l'arène. En France, au contraire, les terrains sont entourés de barrières protectrices. On ne sait plus si le spectacle est devant ou derrière les grillages. Je le déplore. Je crois que le simple fait de mettre des barrières incite à la délinquance et attise les haines.

Cela m'amène aussi à critiquer l'attitude de certains spectateurs qui se disent supporters mais qui ne supportent vraiment que l'anti-jeu et l'intolérance. Ils n'entendent rien au football, ne regardent pas une seconde le match qui se déroule sous leurs yeux et consacrent leur temps à se défouler contre les adversaires et l'arbitre. Ils sortent généralement en cassant tout sur leur passage. Ceux-là nuisent au football, à sa beauté, à sa sérénité, et méritent d'être interdits de stades. J'ai en tête une époque au parc des Princes où une partie du kop de Boulogne faisait le salut hitlérien ! Quelle honte pour le football ! À Marseille, en revanche, les supporters étaient et sont encore partie prenante pour leur équipe, mais ils sont d'abord et avant tout amateurs de foot dans l'âme. Ils viennent pour le beau jeu.

L'équipe de France m'a donné mes plus belles émotions, notamment à Guadalajara en 1986, mais elle m'a aussi offert ma plus grande déception le 17 novembre 1993 lors d'un match de triste mémoire : France-Bulgarie. Je n'en reste pas moins fier d'avoir porté le maillot tricolore cinquante-quatre fois et d'être le douzième joueur le plus capé de France, à vingt-huit longueurs du record de Manuel Amoros. Je suis aussi très fier d'avoir porté le brassard de capitaine onze fois chez les Bleus. Mais mon vrai titre de gloire en équipe de France, c'est d'être le deuxième meilleur buteur de tous les temps avec trente buts, à égalité avec Just Fontaine et loin derrière Michel Platini, qui en a marqué quarante et un.

Émily

Comme je l'ai dit précédemment, nous avons véritablement pris conscience du handicap d'Émily en Italie, lorsqu'un spécialiste nous a annoncé sans ménagement que notre fille était condamnée à vivre dans un centre spécialisé. En effet, la médecine considère qu'une lésion cérébrale est irréversible et qu'elle entraîne un handicap moteur à vie. Aussi, la plupart du temps, les enfants lésés sont placés dans des centres où ils vivent coupés des réalités du monde. Ils n'en sortent que le week-end pour regagner le domicile de leurs parents chez qui ils sont plus souvent accueillis en élément perturbateur qu'en membre de la famille à part entière. Florence et moi, nous avons refusé de nous résigner à cette issue désespérante. Mais après avoir remué ciel et terre, nous nous sommes aperçus que c'était effectivement la seule solution que préconisaient les médecins.

C'est par hasard — encore une fois ! — que nous avons entendu parler d'une thérapie américaine développée à Philadelphie. C'était il y a deux ans et demi, à Marseille, dans la pharmacie de Christian et Laurence. Nous évoquions le cas d'Émily quand un couple de clients a surpris notre conversation. Eux aussi avaient un enfant lésé. Une discussion informelle s'est engagée, au cours de laquelle nous avons longuement parlé de nos enfants respectifs. Ils ont évoqué avec nous l'existence d'une méthode spécifique à un institut américain qui donnait des résultats et nous ont conseillé de lire le livre de Glenn Doman intitulé *Les guérir est un devoir*.

Sans cette rencontre décisive, nous n'aurions toujours aucun espoir de rémission pour Émily. Aussi, je tiens à remercier Soni et Albert Dini du fond du cœur. Le destin les avait mis sur notre chemin, il nous revenait de faire le choix de la route à suivre.

Nous avons dévoré le livre de Glenn Doman. Non seulement il est passionnant, mais il est très convaincant. Il propose aux parents de sortir des ornières de la médecine traditionnelle en s'investissant complètement dans la rééducation de leurs enfants lésés grâce à une méthode basée sur la surstimulation intellectuelle et physique. Les résultats obtenus sont très surprenants. D'emblée, j'ai été séduit par cette méthode, mais je ne savais pas si elle pouvait s'appliquer à Émily. Glenn Doman met d'ailleurs le lecteur en garde en spécifiant que chaque cas de lésion cérébrale est unique.

Florence aussi était indécise, mais c'est elle qui a insisté pour qu'on aille à Philadelphie. Glenn Doman lui avait donné envie d'en savoir plus grâce à la force de ses arguments et à la simplicité apparente de sa méthode. Je dis « simplicité apparente » parce que si la démarche qui conduit à la méthode est très logique, la mise en œuvre de cette méthode, en revanche, est beaucoup plus complexe et prenante. Peut-être faut-il dire ici quelques mots de cette méthode que des parents du monde entier viennent découvrir à Philadelphie.

Glenn Doman est un pionnier de la lésion cérébrale qui a décidé de consacrer sa vie à prouver que les lésés cérébraux n'étaient ni stupides ni idiots, et qu'on pouvait les guérir si on voulait bien s'en donner la peine. Il a beaucoup étudié et aidé les victimes de lésions cérébrales, sans grand résultat au départ. Jusqu'au jour où il s'est aperçu que tout enfant normal, pour marcher, doit passer par quatre étapes nécessaires et incontournables qui sont : les mouvements sans déplacement du corps, le « ramper », le « quatre pattes » et enfin la marche.

Un enfant qui ne respecte pas l'ordre de ces phases peut présenter tôt ou tard des troubles neurologiques, car le « ramper » et le « quatre pattes » sont « deux étapes essentielles pour l'élaboration du cerveau, au cours desquelles les deux hémisphères apprennent à coordonner leur action ».

L'idée est donc née de coordonner les mouvements des enfants lésés à leur place pour que le cerveau les imprime et de leur faire ainsi franchir les quatre étapes petit à petit. C'est ce que Glenn Doman a appelé le « *patterning* », exercice qui consiste à faire faire à l'enfant, à grande fréquence, des mouvements qu'il ne peut pas faire lui-même. Les résultats ont dépassé les espérances en produisant des progrès spectaculaires dans le domaine de la mobilité, mais aussi dans le domaine sensitif où les enfants lésés présentent souvent des troubles graves qui vont jusqu'à la cécité ou la surdité. En effet, la plupart parlent à peine, voient et entendent très mal – ce qui complique d'autant leur situation ! Sans ces fonctions réceptrices de base, ils ne sont plus considérés que comme des « légumes ».

Je m'empresse tout de suite de dire que les exercices de *patterning* sont taillés sur mesure pour chaque enfant et ne valent que par leur fréquence, leur intensité et leur durée. Les parents ont un rôle très important à jouer dans leur bon déroulement, mais ils ne peuvent pas se substituer aux spécialistes. Eux seuls sont capables d'évaluer les performances visuelles, auditives, tactiles de l'enfant. Eux seuls sont en mesure de préconiser des solutions pour le *patterning*, la respiration et le langage.

Pour mesurer avec une grande précision le retard de l'enfant et déterminer un programme adapté à ses besoins, Glenn Doman a imaginé un profil de développement qui se présente sous la forme d'un tableau. Ce profil est un outil extraordinaire sur lequel je ne veux ni ne peux m'étendre davantage. Je renvoie ceux qui s'y intéressent au livre *Les guérir est un devoir*[1].

En septembre 1995, quand nous avons débarqué à Philadelphie, nous avions juste lu le livre. Nous étions animés d'un vif sentiment de curiosité, mais nous ne savions pas du tout où nous allions mettre les pieds. Nous sommes arrivés dans un endroit harmonieux comme on en trouve quelquefois dans les grandes villes gigantesques des États-Unis où les espaces verts surgissent de la civilisation comme des bouffées d'oxygène. Les instituts se trouvent à Chest Nut's Hill, au nord-ouest de Philadelphie, dans un parc arboré. Le centre en est une vieille demeure de style victorien acquise pour un franc symbolique. Les autres bâtiments sont de dimension humaine puisqu'ils ne comptent qu'un ou deux étages.

En arrivant, le simple fait de rencontrer

1. Glenn Doman, *Les guérir est un devoir : parents, devenez les rééducateurs de vos enfants handicapés*, Paris, Desclée de Brouwer, 1984.

d'autres parents d'enfants lésés nous a fait un bien fou : nous n'étions plus seuls au monde. Nous avons été agréablement surpris par la capacité d'écoute du personnel, tout comme nous avons été impressionnés par la compétence des spécialistes des instituts.

La première rencontre avec Glenn Doman a marqué nos esprits : il ressemble à Louis Pasteur, avec une barbe grise bien taillée et une voix fascinante. Dans son entrée en matière, il insiste bien sur un point : le mot « lésion » indique qu'il y a eu des cellules du cerveau détruites, mais il n'implique pas de lésion organique. Puis il explique que la lésion cérébrale est un problème qui concerne tous les êtres sans distinction, et pas seulement les parents d'enfants lésés. Tout le monde, à tout âge, peut être victime d'une lésion cérébrale. Il prend comme exemple les chutes, les noyades où le noyé souffre d'asphyxie, les maladies infectieuses qui dégénèrent en encéphalites, les maladies neurologiques telles que la méningite, les accidents de voiture, les tumeurs du cerveau, de simples coups de poing au visage, des ruptures d'anévrisme...

Pour évaluer Émily, nous avons été convoqués avec les autres parents dans un amphithéâtre où des spécialistes nous ont montré comment calculer le ratio âge chronologique/âge neurologique.

Il s'agit de comparer ce que notre enfant est capable de faire avec ce qu'est capable de faire un enfant dit « normal » au même âge. Nous pensions un peu naïvement qu'Émily serait à 50 %, autrement dit qu'elle aurait développé la moitié de ses capacités en comparaison d'un enfant non lésé du même âge. Notre naïveté venait de ce que nous n'avions aucun enfant de cinq ans autour de nous. Quelle n'a pas été notre stupeur de constater qu'elle était à 17 % seulement, soit à onze mois d'âge neurologique ! Florence était abattue. Aujourd'hui, en janvier 1998, Émily est à 52 % : c'est dire le chemin qu'elle a parcouru en près de trois ans ! Mais nous visons, Florence et moi, 100 %. C'est notre objectif ultime,c'est aussi celui des instituts.

Lors de ce premier séjour à Philadelphie, nous avons aussi appris que la lésion cérébrale de notre fille était diffuse mais profonde. En réalité, elle souffrait d'une désorganisation intellectuelle et motrice, mais elle n'était pas atteinte d'une lésion cérébrale ayant entraîné une motricité nulle : elle était physiquement capable de se déplacer !

Malgré le discours très convaincant de Glenn Doman et de son équipe, le doute subsistait encore quand nous avons quitté Philadelphie. Nous sommes arrivés en France avec un premier programme test qu'on a commencé avec Émily à un moment où son état s'était aggravé suite à un séjour d'un an dans un centre spécialisé. Dès le début du programme, elle a progressé de façon significative dans tous les domaines. Je pense notamment à son œil droit — elle a de très jolis yeux bleus — qui divergeait et qui est devenu fixe dès que nous avons commencé à faire du « ramper ».

Au quotidien, s'occuper d'Émily est un travail de longue haleine qui nous mobilise depuis bientôt trois ans et qui nous accaparera une dizaine d'années sans doute. Le programme exige de nous une présence de tous les instants, à raison de huit à dix heures par jour. Il n'accorde aucune pause aux parents ou à l'enfant : que ce soit le jour de Noël ou le lundi de Pâques, il faut le suivre à la lettre trois cent soixante-cinq jours par an !

Voici un programme type pour une journée standard : Émily se lève à sept heures trente en même temps que ses frère et sœurs. Elle déjeune et fait des exercices respiratoires et des sons avant de commencer véritablement son programme à huit heures trente. Elle travaille jusqu'à une heure. Après un repas bien mérité et une sieste réparatrice d'une heure et demie, elle reprend vers trois heures et poursuit ses exercices jusqu'à sept heures environ.

On pourrait croire que la quantité de travail requis pèse sur les enfants lésés, mais c'est une erreur : ils ont tout à fait conscience que leur salut passe par là et se prêtent aux exercices assez volontiers. Émily en est la meilleure preuve : quand nous revenons des États-Unis où nous avons arrêté le programme – contraints et forcés –, elle est impatiente de s'exercer à nouveau.

En règle générale, les programmes que proposent les instituts sont menés tambour battant du matin jusqu'au soir avec un heure de répit le midi pour déjeuner. C'est à ce prix que les enfants recouvrent leurs moyens physiques et intellectuels. Nous, les parents, nous nous investissons à cent cinquante pour cent aux côtés de nos enfants, mais pareil emploi du temps ne nous laisse guère le loisir de nous occuper de nous. À titre d'exemple, quelques coups de fil dans la même journée suffisent à décaler entièrement le programme !

Il est recommandé de se faire aider par des bénévoles. Heureusement, les gens sont d'une générosité qui fait chaud au cœur. Des amis bretons ont organisé une réunion dans une salle communale pour expliquer à leurs voisins pourquoi ils avaient besoin d'eux et plus de cent personnes se sont proposées pour leur venir en aide ! Nous n'avons pas rencontré non plus de difficultés pour trouver des gens disposés à nous aider, aussi bien à Munich qu'à Bordeaux.

Les trois premiers mois passés en Allemagne, Florence a préféré suivre le programme seule, en partie parce qu'elle n'imaginait pas que des voisins viendraient faire du bénévolat chez les Papin, en partie à cause de la barrière de la langue. Puis au mois de janvier 1996, des mères d'enfants scolarisés avec les nôtres au lycée français ont pris spontanément contact avec elle : « Christopher a raconté à mon fils le temps que vous passiez avec votre fille Émily. On est un groupe de copines et on se propose de venir chez vous à tour de rôle pour vous donner un coup de main. »

C'est comme ça, grâce à elles, que nous avons eu plus de dix-sept bénévoles en un an ! Je ne les remercierai jamais assez de leur disponibilité et de leur gentillesse.

Quand nous nous sommes installés près d'Arcachon, nous avons passé une annonce sur une radio locale sans dire qu'il s'agissait de la famille Papin. Nous avons eu quelques appels. Merci encore à tous ces bénévoles qui sont pour beaucoup dans le rétablissement de nos enfants handicapés. Ils apportent une spontanéité et une fraîcheur salutaires en nous reliant au monde extérieur. Je veux aussi remercier mes trois autres enfants qui acceptent que nous passions autant de temps avec leur sœur, même si c'est parfois à leur détriment. Ils ont conscience de son retard et n'aspirent qu'à une chose : qu'elle redevienne normale. Ils s'intéressent de près à Émily et nous aident quand ils le peuvent. C'est très important pour nous. Par le seul fait de nous poser des questions sur les progrès qu'elle accomplit, ils nous redonnent le moral.

J'en profite aussi pour dire combien j'admire ma femme de ne jamais faire relâche. Moi qui suis en déplacements assez souvent, je ne peux me consacrer à Émily comme je le voudrais et je sais que c'est Florence qui porte à bout de bras la rééducation de notre fille. Quel courage, quelle force de caractère, quel amour aussi ! Quand le foot et mes obligations professionnelles m'en laissent le temps, je prends le relais de ma femme et des bénévoles pour faire faire des exercices physiques à Émily, tels que le footing ou la promenade. Les instituts prévoient aussi de temps à autre de très longues marches de quatre heures d'affilée. Pour réaliser ces programmes « marathon », je rassemble la famille le week-end et nous partons tous les six dans les forêts et les dunes avec les pique-niques dans les sacs à dos.

Depuis presque trois ans que nous avons commencé le programme, Émily ne parle pas encore, mais elle marche et, qui plus est, elle court ! Avant, elle avait les jambes raides comme des piquets et elle avançait comme une poupée mécanique. Elle était incapable de franchir des obstacles comme une marche ou une simple marque au sol. À cause d'un problème de convergence, elle assimilait les changements de couleur à des reliefs. Ainsi, deux moquettes de couleurs différentes l'empêchaient de passer d'une pièce à l'autre !

À Munich, elle vivait recluse dans son propre monde auquel nous n'avions pas accès. Elle ne se rendait même pas compte de nos faits et gestes. Je pouvais partir sans qu'elle bronche. Aujourd'hui, quand elle me voit sortir, elle exprime du regret. Et quand j'arrive, elle explose de joie. Elle est aussi en mesure de dire oui et non, ce qui permet une communication plus élaborée que les simples gestes. Elle est même capable de prononcer une vingtaine de mots, chose que nous n'imaginions même pas il y a encore deux ans. Sa santé aussi s'est très nettement améliorée. Émily était une petite fille malade pour un oui ou pour un non. Voilà deux ans qu'elle n'a pas souffert du moindre rhume !

Toutes ces transformations radicales plaident en faveur de la méthode des instituts et nous incitent à continuer de plus belle.

L'idée de créer Neuf de Cœur est née tout simplement à la suite d'une émission que j'ai faite à « Nulle part ailleurs » où j'ai expliqué à Philippe Gildas les problèmes que nous avions rencontrés avec Émily et les solutions qui existaient bel et bien pour la guérir. À la suite de ce passage à la télévision, j'ai reçu un nombre incroyable de lettres de parents dans la détresse. Ils me décrivaient les symptômes de leurs enfants et je retrouvais le portrait-robot d'Émily. Ils me demandaient aussi quelle était la méthode dont j'avais parlé à la télévision et qui nous permettait de croire en la guérison de notre fille. Je me suis fait un devoir de leur répondre en leur conseillant de lire le livre de Glenn Doman. En moi commençait à naître l'idée d'une association qui puisse informer les parents d'enfants handicapés et les aider dans leurs démarches. Florence aussi était très motivée pour créer un organisme de conseil aux parents.

L'idée de monter une association a vraiment pris corps quand nous avons rencontré la famille Le Déan. Jean-Pierre et Jacqueline avaient recours à la méthode Doman pour leur fille Anne, lésée à sa naissance lors de l'accouchement qui s'était mal passé en raison d'une grève dans les hôpitaux ! En tant que médecin, Jean-Pierre s'était rendu avec beaucoup de réticences à une des conférences organisées à Strasbourg par les instituts, mais il s'était laissé convaincre par sa femme d'aller voir sur place à Philadelphie. Depuis, leur fille suit le programme de Glenn Doman.

Lors de notre visite semestrielle à Philadelphie, nous avons reçu un coup de fil des instituts qui nous proposait de venir en compagnie des Le Déan. Nous nous sommes donc retrouvés tous les six — les parents et les enfants — aux instituts de Pensylvannie. L'idée a jailli de cette rencontre fructueuse : créer une association pour informer les parents sur la possibilité de guérir leur enfant. J'étais prêt à me servir de ma popularité pour cela. Une autre ambition nous animait aussi : amener le débat sur la place publique pour inciter le ministère de la Santé à admettre l'existence d'une thérapie qu'il ignore superbement aujourd'hui.

La famille Le Déan illustre parfaitement cet exemple : quand ils ont découvert la méthode Doman, ils ont fait une demande de complément familial C3. Le C3 et une aide de six mille sept cents francs nets versée à l'un des parents sous trois conditions : que le père ou la mère abandonne son travail, que l'enfant soit profondément lésé cérébral avec une autonomie très réduite qui requiert une tierce personne et qu'il quitte le centre dans lequel il est interné. Anne remplissait ces conditions, mais les fonctionnaires du ministère de la Santé ont fait valoir une dernière disposition de la loi pour refuser le C3 à Jacqueline. Ils lui ont opposé une clause écrite en bas de page qui stipule que l'enfant doit avoir une autonomie respiratoire inférieure à quatre heures. Cette condition est non seulement scandaleuse, mais elle est aussi absurde, puisqu'elle ne concerne pour ainsi dire que des enfants en sursis.

Jean-Pierre et Jacqueline ne se sont pas découragés pour autant. Ils ont fait des pieds et des mains dans tous les services concernés pour faire supprimer cette clause insupportable et ont fini par avoir gain de cause. Mais que d'énergie dépensée pour une évidence ! Dans bien des cas, le ministère refuse ou traîne les pieds avant d'octroyer son aide aux parents désireux de garder leurs enfants chez eux. Il préfère privilégier la solution de l'éloignement. Or, non seulement c'est un choix inhumain que de vouloir soustraire un enfant à ses parents, mais c'est aussi un non-sens du strict point de vue financier puisqu'un internement coûte très cher à la société.

L'ordre des médecins exprime les mêmes réticences que l'État. Comme d'habitude, tous ceux qui menacent l'establishment sont mis en quarantaine. Si les professionnels de la santé acceptaient au moins de s'informer sur la méthode, s'ils daignaient seulement observer les résultats qu'elle produit, ils ne pourraient pas ne pas y être favorables. J'en suis convaincu tant les transformations sur les enfants, à commencer par Émily, sont remarquables.

Ici, je voudrais dire que le programme a un coût et que ce coût est assez important. Après leur première visite aux instituts, les parents, s'ils sont séduits par la méthode, doivent revenir deux fois par an accompagnés de leur enfant lésé. L'objectif de ces visites semestrielles est d'évaluer les progrès de l'enfant, qui est placé sous haute surveillance. La méthode Doman est si élaborée, si précise qu'elle ne supporte aucune appréciation hasardeuse. Tous les mois, nous sommes en contact avec les instituts par fax ou par téléphone. Tous les trimestres, nous leur envoyons une cassette vidéo de notre fille, ce qui leur permet de corriger certains points du programme. Tous les semestres, ils l'examinent *de visu* pour savoir si elle est capable ou non de passer à l'étape suivante.

Je voudrais mettre les choses au clair : ces visites répétées, bien qu'onéreuses, ne sont pas faites pour remplir les caisses des instituts. Jean-Pierre le Dean peut en témoigner : quand sa fille Anne n'a pas rempli l'objectif fixé de trois cents mètres de « ramper », les instituts ont reculé deux fois sa venue aux États-Unis. D'une manière plus générale, quand les familles n'appliquent pas leur programme avec l'abnégation exigée, elles sont exclues, à un moment ou à un autre, des centres de Philadelphie. Glenn Doman ne s'en fait d'ailleurs pas mystère : « Je ne suis pas venu vous chercher, je ne suis pas obligé de vous garder » répète-t-il à ceux qui veulent l'entendre. Ces deux exemples sont la preuve, si besoin était, que le moteur des instituts n'est pas la cupidité.

Compte tenu des démarches à entreprendre et du coût des instituts, Neuf de Cœur trouvait donc assez naturellement sa raison d'être, mais il fallait mettre en place une logistique assez lourde. Comme toujours, le hasard a placé sur ma route un homme hors du commun qui est devenu l'un des mécènes de l'association : Bernard Magrez. Fort logiquement, je lui ai donc demandé, ainsi qu'à Jean-Pierre le Dean, d'être les cofondateurs de l'association. Ils ont accepté sans hésiter. Ensemble, nous en avons trouvé le slogan : « Combattre l'ignorance pour redonner l'espoir ».

Neuf de Cœur a été créée le 2 décembre 1996. C'est une association de type 1901 dont la présidente est Florence, ma femme, et le trésorier M. Spinelli, mon comptable, qui s'est proposé bénévolement. Elle est basée à l'adresse suivante : BP 9, 33070 Lormont. Ses coordonnées téléphoniques sont les suivantes : 05 57 80 99 68. Sophie Ruffié en est la secrétaire permanente.

Tous les six, nous avons vite évacué l'idée d'implanter un centre tel que celui de Philadelphie en France, parce que cela représentait un investissement trop lourd et que les spécialistes américains étaient pour ainsi dire « indéplaçables » tant leur emploi du temps est chargé. Mais il nous a semblé assez simple d'informer les parents d'enfants lésés sur l'existence d'une thérapie et de les aider financièrement si nous trouvions des sources de financement.

Neuf de Cœur s'est fait connaître quand j'en ai parlé à « Nulle part ailleurs », mais de nombreux journaux ont aussi pris le relais des télévisions et assuré un retentissement médiatique important à l'association. Tout ces passages télé et ces articles ont permis à Neuf de Cœur d'exister vraiment. Grâce à eux, Sophie Ruffié a aujourd'hui du pain sur la planche. Elle répond en priorité au courrier abondant qui arrive au siège et conseille la lecture du livre de Glenn Doman aux parents intéressés par sa méthode. Mais son rôle ne se cantonne pas à un simple travail de secrétaire. Elle met les familles en relation les unes avec les autres, les aide dans leurs démarches avec les instituts de Philadelphie, leur propose des bénévoles si le besoin s'en fait sentir, rédige un magazine interne destiné aux adhérents. L'idée maîtresse de Neuf de Cœur est d'informer et de soutenir psychologiquement les familles qui comptent un enfant lésé en leur sein.

Mais l'association ne se veut pas seulement un relais d'information et de soutien. Son objectif est aussi de récolter des fonds et de financer les voyages des familles. Il existe des dons spontanés de particuliers et d'entreprises, mais nous avons aussi organisé des manifestations susceptibles de doter neuf de Cœur d'une réelle puissance financière.

Le succès le plus probant a été la vente aux enchères des équipements de tous les sportifs célèbres que j'ai pu contacter. Chacun a répondu favorablement à ma demande et y est allé de son cadeau. Jean Alesi a donné son casque (vendu soixante mille francs), Carlos Monzon et Mike Tyson une paire de gants de boxe, Luc Alphand sa combinaison de ski, Michel Platini un maillot de la Juventus (vingt-huit mille francs), Miguel Indurain son maillot (dix-huit mille francs), Mary Pierce sa tenue complète, Bernard Lama ses gants, Damon Hill sa combinaison, Alain Giresse ses chaussures... J'ai aussi offert le maillot de mon match précédent avec Bordeaux (cinquante-cinq mille francs) et la marionnette des guignols qui me représente. Elle a été le clou de la vente en partant pour deux cent cinquante mille francs. Il faut dire que l'acheteur est un homme de cœur puisqu'il s'agit de Roland Courbis.

Je voudrais remercier ici tous les sportifs qui ont participé à cette vente aux enchères. Non seulement ils ont prouvé leur générosité en donnant spontanément leurs équipements, mais ils ont aussi acheté ceux des autres. Au total, la vente a rapporté à Neuf de Cœur près d'un million de francs !

Il y a eu aussi bien d'autres manifestations qui, si elles ont drainé moins de fonds, n'en sont pas moins venues du cœur et n'en ont été que plus touchantes lorsqu'elles étaient organisées par des enfants. Je pense notamment à un concert de jeunes violonistes prodiges donné au profit de l'association, à l'émission « Fa Si La Chanter », à une vente de disques organisée par Wit FM, à tous les matchs de solidarité organisés par des écoles de la région, aux tournois de foot montés par les enfants eux-mêmes, aux commerçants de Bègles qui reversent 1 % de leur chiffre d'affaires à l'association, au Lyon's Club, à la Caisse d'Épargne qui a mis aux enchères des bouteilles de vin au bénéfice de Neuf de Cœur...

L'association utilise l'argent de ces collectes pour financer les coûts des soins des instituts à hauteur de 50 %. Tous les parents peuvent profiter de cette offre à condition d'être membres de l'association pour la modique somme de cent francs. À ce jour, plus de trois cents familles ont adhéré à Neuf de Cœur et déjà quarante d'entre elles bénéficient de l'aide. Les autres attendent que leur dossier soit accepté par les instituts, ce qui peut être assez long. Près de huit cents sympathisants se sont aussi manifestés après de Sophie Ruffié.

Neuf de Cœur a aussi négocié des tarifs préférentiels sur des coûts fixes tels que les transports aériens. La compagnie US Air a ainsi accepté de prendre en charge à cent pour cent le prix du billet de l'enfant lésé dans la limite des places disponibles.

Tous les membres de l'association et, plus généralement, toutes les personnes qui se sentent concernées par les lésions cérébrales se retrouvent une fois par an grâce à Neuf de Cœur. L'idée est de briser le mur du silence qui entoure la méthode Doman et de montrer aux parents d'enfants lésés qu'ils ne sont pas seuls au monde.

Encore une fois, je tiens à préciser que nous ne sommes pas à la solde des Américains de Philadelphie. D'ailleurs, quand nous leur avons proposé de créer une association, leur première réaction a été très mitigée. Leur but n'est pas de faire de l'argent, mais de sauver le maximum d'enfants qui peuvent l'être. Nous avons le même objectif qu'eux !

Conclusion

Je suis né sous une bonne étoile, mais rien ne me destinait à devenir une star mondiale du football. J'ai dû tracer ma voie avec une obstination qui ne s'est jamais démentie pendant vingt ans. Doué au départ, j'ai beaucoup cravaché pour devenir surdoué. J'ai usé des centaines de paires de chaussures contre le cuir des ballons, j'ai couvert des milliers de kilomètres sur tous les terrains du monde, je me suis entraîné devant le but comme un forcené. Tous ces efforts n'ont pas été vains, puisque j'ai réalisé mon rêve d'enfant : jouer en équipe de France.

La route qui m'a mené à la célébrité a été semée d'embûches. Je ne compte plus les articles assassins dans les journaux, les blessures, les désillusions. Par bonheur, ma volonté de positiver l'a toujours emporté. J'ai tout donné au foot, il me l'a bien rendu. Il m'a apporté la notoriété et une aisance matérielle qui contribue fortement à mon bonheur actuel.

Si j'ai construit ma fortune et ma renommée grâce à mes pieds, j'ai bâti ma famille avec mon cœur. J'en ai jeté les fondations avec Florence, mais il reste encore beaucoup à faire. Je pense bien sûr à Émily. Nous avons le devoir de tout mettre en œuvre pour qu'elle devienne une enfant normale. La découverte de sa lésion cérébrale nous a d'abord fait un choc parce que nous pensions que ça n'arrivait pas, ou que ça n'arrivait qu'aux autres. Puis l'existence d'une thérapie a fait naître l'espoir d'une rémission et nous nous sommes engagés dans cette aventure exaltante qu'est l'aventure humaine. Les premiers progrès manifestes d'Émily m'ont ouvert les yeux. Le football que j'avais toujours considéré comme la chose la plus importante dans ma vie est devenu tout à coup secondaire. Je n'étais plus JPP le canonnier de l'OM et du Milan AC, je redevenais Jean-Pierre Papin, un père comme les autres qui voulait sauver sa fille à tout prix.

Émily n'a pas été la seule à donner un nouveau sens à ma vie. Je ne dirai jamais assez combien Florence et mes trois autres enfants, un peu éclipsés dans ce livre par la lésion cérébrale de leur sœur, illuminent ma vie. Par leur seule présence à mes côtés, ils m'aident à négocier le virage de l'après-football dans les meilleures conditions. Je l'aborde avec sérénité, ce virage que tous les footballeurs n'ont pas toujours su prendre avec bonheur, même si faire le deuil d'un sport qu'on aime, qu'on a pratiqué toute sa vie et dont on a fait son métier n'est pas chose aisée. Je sais par exemple que je ne pourrai jamais m'empêcher, en voyant un ballon traîner dans une surface, de le mettre au fond des filets. C'est inscrit dans mes gènes. Je sais aussi que, à chaque fois que je verrai un match, je me sentirai happé par la compétition — un peu comme Marco Van Basten qui oublie le foot tant qu'il ne côtoie pas le milieu mais qui ne tient plus en place dès qu'il aperçoit vingt-deux joueurs sur un terrain.

À dire vrai, je ne suis pas encore fixé sur mon avenir. Le monde de l'entreprise me tente, mais je ne parviens pas à imaginer ma vie sans football. L'idéal, dans un premier temps, serait que je sois formateur de jeunes. J'ai vraiment envie de transmettre aux adolescents tout ce que le football m'a appris. Je songe aussi à passer les examens requis pour devenir préparateur physique et, à terme, entraîneur. Je dispose de quelques atouts pour exercer ce métier dans des conditions favorables. J'ai une grande expérience du football et une vraie capacité à communiquer ma rage de vaincre à un groupe — je l'ai prouvé quand j'étais capitaine. Je peux aussi me servir de mon prestige et de mon ascendant sur les joueurs pour imposer mes choix tactiques. J'ai déjà mon équipe idéale en tête. Elle se composerait de joueurs d'expérience aux postes clés et de jeunes plein d'allant prêts à relever le défi physique autour d'eux.

Je ne sais pas encore ce que l'avenir me réserve, mais j'ai bien l'intention de m'enraciner à Bordeaux, dans cette région où Florence, les enfants et moi nous sentons si bien. Et quand l'heure sera venue de raccrocher les crampons, c'est peut-être au stade Lescure que je fêterai mon jubilé. Ainsi, après avoir participé à ceux de Michel Platini, d'Alain Giresse, de Franco Baresi et de Bernard Lacombe, ce sera à mon tour d'organiser une journée que je veux inoubliable.

Ensuite, je poursuivrai ma route comme je l'ai toujours fait, à l'instinct. Je ne prendrai peut-être pas toujours les bons chemins, mais je sais qu'au bout du voyage, je ne trouverai jamais que... moi-même.

Postface

En lisant la biographie de Jean-Pierre, je m'aperçois que la vie est tissée de chemins sur lesquels nous faisons des rencontres qui restent ou qui s'effacent, mais qui ne nous laissent jamais « indemnes ».

À ce propos, j'aimerais vous raconter comment s'est déroulée ma rencontre avec Jean-Pierre. De mon point de vue, elle ne fut pas placée sous le signe du coup de foudre, mais plutôt sous celui de l'étonnement. Dans l'avion, j'étais la seule à ne pas connaître Jean-Pierre, la seule à demeurer dans mon coin alors que le reste de l'équipage allait à la chasse aux autographes. Quoi de plus normal, puisque je ne m'intéressais pas du tout au foot ? Ce fut Jean-Pierre qui vint à moi, peut-être poussé par la curiosité. Après mon arrivée à Djeddah, je n'avais même pas eu le temps de penser à cette rencontre pour le moins inattendue qu'il m'avait déjà rappelée. Il avait remué ciel et terre pour savoir où étaient logés les équipages et, à chaque escale, j'ai reçu des messages qu'il m'avait adressés. Je dois d'ailleurs avouer que, jusqu'à ce que je quitte Air-France quelques mois plus tard, ce rituel m'a poursuivie partout dans le monde ! D'une manière générale, dans les mois qui suivirent, il devança en vitesse et en intensité tout ce que je pouvais faire.

À la fois charmée et un peu effrayée par cette accélération du temps, je vins à Marseille pour la première fois lors d'un match France-Roumanie. Jean-Pierre me pria alors de choisir ses meubles alors que je n'avais jamais mis les pieds chez lui ! Vous imaginez la tête du vendeur quand il me demanda de décrire l'agencement des pièces et que je fus incapable de lui répondre. Un peu plus tard, quand je découvris sa maison d'Aix-en-Provence, je constatai effectivement que son ex-femme avait vidé tous les meubles, excepté un congélateur et un canapé en cuir entièrement griffonné par les enfants...

Les mois qui suivirent furent tout aussi fous. J'ai quitté Paris pour deux semaines de vacances en Provence, je n'y suis jamais revenue. Neuf mois plus tard, nous nous mariions après avoir conçu notre premier enfant, Émily.

Je crois beaucoup aux coïncidences. Je n'aurais jamais rencontré Jean-Pierre si je n'avais pas été hôtesse de l'air. Pourtant, rien ne me prédestinait à l'être. Arrivée à Paris à dix-neuf ans, je m'étais inscrite à la faculté de sciences économiques où je suivais des études qui me plaisaient beaucoup, même si je n'y excellais pas. Parallèlement, j'étais ouvreuse à la Comédie-Française le soir et les week-ends, ce qui me permettait d'être totalement indépendante. Qui sait pourquoi je me suis présentée au concours d'hôtesse de l'air ? J'y allais juste pour voir, peut-être parce que ma mère avait elle-même travaillé chez Air-France lorsqu'elle était jeune.

Ma première année dans la compagnie fut réellement fabuleuse. J'avais hérité de destinations comme l'Asie du Sud-Est et les États-Unis. Ce furent des découvertes passionnantes. Mais, lorsque j'ai fait la connaissance de Jean-Pierre, mon enthousiasme avait déjà un peu fléchi. Non seulement les rotations devenaient de plus en plus rapides sur les long courriers, et il fallait parfois partir dix-huit jours. Sans compter la fatigue du retour due aux décalages horaires. Je m'apercevais que beaucoup de mes collègues n'avaient plus vraiment de vie de famille.

Aussi, quand Jean-Pierre et moi avons décidé de partager notre vie, il fut pour moi impossible de m'imaginer à l'autre bout du monde, lui-même étant très souvent hors du giron familial. Un joueur de foot professionnel est absent plusieurs nuits par semaine. Quand viennent s'ajouter les déplacements en coupe d'Europe, les mises au vert avant les rencontres importantes, les tournées, les matchs de l'équipe de France, tous les stages de préparation, les championnats des

Nations et les éventuelles coupes du monde, il n'est chez lui que de façon épisodique. C'était déjà le cas de Jean-Pierre dès la première année de notre rencontre. C'était moi l'hôtesse de l'air, c'était lui qui passait ses journées dans les avions et ses nuits dans les hôtels.

Je n'ai jamais beaucoup accompagné Jean-Pierre en déplacement. Pour moi la vie de ma famille et l'équilibre de mes enfants ont toujours prévalu. Du moins, j'ai toujours pensé que c'était mon rôle d'être en retrait, et je n'ai jamais beaucoup aimé être sous les projecteurs. Je fuis les caméras et perds tous mes moyens devant un micro. Ce n'est pas ma place et je ne la revendiquerai jamais.

Au début de notre mariage, j'allais au stade lorsqu'il jouait à domicile. Je le fais de moins en moins aujourd'hui, tant il est vrai que je dois m'occuper des quatre enfants et gérer le programme d'Émily. Mais, même quand il est en déplacement, je suis en contact permanent avec Jean-Pierre. C'est un maniaque du téléphone portable et nous nous appelons plusieurs fois par jour, bien souvent pour peu de chose, juste pour écouter un moment la voix de l'autre.

Je me tiens toujours au courant des résultats des matchs à la radio ou bien à la télévision. S'ils sont retransmis, je les regarde en compagnie de Christopher. Bien entendu, je me suis déplacée à

Bari et à Munich. J'y ai connu beaucoup d'angoisse et aussi de peine. Encore plus à Munich qu'à Bari, parce qu'en Italie il pouvait partager sa détresse avec les autres joueurs marseillais. Mais, à Munich, il était seul. Ses anciens partenaires brandissaient le trophée qu'il avait tant convoité avec eux, et ses nouveaux coéquipiers avaient tellement gagné de coupes d'Europe qu'ils prenaient cette défaite avec philosophie.

Comme vous vous en doutez, avant de rencontrer Jean-Pierre, je n'étais pas une sportive assidue, si bien que je me désintéressais du sport en général, et du foot en particulier. Mais, dès que je l'ai vu entrer sur un terrain, il m'a été impossible d'ignorer plus longtemps les règles du football, les enjeux des matchs et les noms des autres joueurs. Si je suis heureuse de voir gagner mon mari, je vous dois une confession : je ne regarde pas les matchs où il ne joue pas.

Je n'imaginais pas qu'il irait exercer son métier hors de France. Si le séjour à Milan reste un merveilleux souvenir, je ne peux pas en dire autant des deux années passées en Allemagne. Le climat, l'absence d'amis, l'éloignement de Marseille, l'obstacle de la langue, la blessure, tout cela nous a beaucoup pesé. Jean-Pierre a d'ailleurs oublié de raconter comment, à son arrivée au Bayern, il a enfilé le traditionnel costume bavarois — avec la culotte en cuir, les épaisses chaussettes et le chapeau — pour poser devant la presse. Il a su ensuite que tous les joueurs étrangers qui s'étaient prêtés à ce cérémonial avaient connu l'échec dans ce club. Trapattoni s'y était refusé, il s'en sort aujourd'hui avec les honneurs aux commandes du Bayern. Pour ma part, je me suis vraiment sentie revivre quand nous nous sommes installés à Bordeaux. Notre vie, ici, sur le Bassin d'Arcachon, me semble maintenant si simple...

Mes dernières lignes, j'aimerais les consacrer à Émily. Nous aimons nos quatre enfants avec la même force, mais elle requiert une attention toute particulière. Émily a changé notre vision du monde : elle nous a fait prendre conscience de valeurs plus profondes et plus enrichissantes. Cela dit, la décision de lui faire suivre le fameux programme de surstimulation n'a pas été aisée à prendre. Avec Jean-Pierre, nous sommes allés voir la famille qui nous avait conseillé de lire le livre de Glenn Doman et je fus un peu effrayée par la quantité de travail que cela exigeait. J'ai vite compris que suivre un tel programme impliquait un changement de vie complet pour toute notre famille, et notamment pour moi.

Lors de notre premier voyage à Philadelphie, Jean-Pierre m'a suivi en traînant des pieds. Le premier jour, Glenn Doman nous y expliqua que seuls trente pour cent des parents présents feraient le choix de pratiquer la méthode. À cet instant-là, j'étais déjà sûre d'en faire partie. Il nous mit aussi en garde contre un enthousiasme excessif et nous conseilla de prendre du temps avant de commencer le programme. Quinze jours plus tard, je commençais.

Je ne regrette toujours pas d'avoir opté pour la méthode Doman, même si elle demande un investissement très important de ma part. Mes journées sont bien remplies. Le temps que je ne consacre pas à mes enfants, et tout particulièrement à Émily que nous construisons pas à pas, je l'emploie à recevoir des amis lors de dîners que j'ai un grand plaisir à préparer, à lire, à bricoler ou à jardiner — à ce sujet, j'en profite pour dire que Jean-Pierre n'a pas la main aussi verte qu'il veut bien le dire...

Si Jean-Pierre est allé à Philadelphie sans manifester beaucoup d'allant, il est sûr au fond de lui qu'Émily sera un jour une enfant tout à fait comme les autres et je lui sais gré d'espérer aussi fort. Moi, je sais que ce but sera très difficile à atteindre. C'est pourtant cet objectif si élevé qui nous indique le chemin à suivre et nous permet d'avancer un peu plus chaque jour.

FLORENCE PAPIN

Table des matières

Impression réalisée sur CAMERON par
BRODARD ET TAUPIN
La Flèche

pour le compte des Éditions Ramsay
en avril 1998

Imprimé en France
Dépôt légal : avril 1998
N° d'impression : 1102U-5
ISBN : 2-84114-369-4
50-0330-6
RAR 837